MARCOS VIDAL

AQUÍ ESTAMOS

SOSTENIDOS
Y FIRMES
A SU LADO

Vida

La misión de Editorial Vida es ser la compañía líder en satisfacer las necesidades de las personas con recursos cuyo contenido glorifique al Señor Jesucristo y promueva principios bíblicos.

Publicado por Editorial Vida, 2024
Nashville, Tennessee, Estados Unidos de América.
Editorial Vida es una marca registrada de HaperCollins Christian Publishing, Inc.

El Número de Control de la Biblioteca del Congreso se podrá obtener previa solicitud. (Library of Congress Cataloging-in-Publication Data is available upon request).

Diseño interior: *Setelee*

ISBN: 978-0-82977-319-4
E-Book: 978-0-82977-320-0
Audio: 978-0-82977-321-7

CATEGORÍA: Religión / Vida cristiana / Crecimiento espiritual

IMPRESO EN ESTADOS UNIDOS DE AMÉRICA
PRINTED IN THE UNITED STATES OF AMERICA

24 25 26 27 28 LBC 5 4 3 2 1

Aquí estamos,
con la espada en nuestras manos todavía,
con algunos años más y alguna herida,
pero aún en pie, luchando día a día,
anhelando verte a Ti.

Aquí estamos,
aunque algunos ya no están a nuestro lado,
ya el otoño arrasó con el verano,
y el invierno será crudo, pero aquí estamos.
La primavera llegará.

Nuestra barca
hizo agua tantas veces en la noche,
y si no se hundió jamás, fue por tu mano,
no por nuestra habilidad, sino por tu compasión.

Aquí estamos,
sabedores de que solo fue tu gracia,
y conscientes de que siempre habrá un mañana.
En tu nombre y por la fe, aquí estamos.

— Estrofas de la canción *Aquí estamos,*
por Marcos Vidal

Índice

PRÓLOGO

Claro que puedes

Era mi turno en un maratón musical para jóvenes cristianos en Barcelona, después de diversas bandas que habían tocado y que a mí me sonaban a gloria. Me sentía tan nervioso que mi mano izquierda temblaba más de lo normal mientras avanzaba solo por el escenario hacia el Korg M1 que me habían colocado al frente de la plataforma. No dejaba de preguntarme cómo había aceptado esta invitación. Tenía que cantar por primera vez ante una multitud que no era capaz de contar y no pude empezar peor. Al comenzar a tocar las primeras notas, todas mis inseguridades aumentaron de golpe porque aquel teclado era muy diferente al piano de madera al que yo estaba acostumbrado; además, yo nunca había tocado en pie, siempre sentado. Cuando empecé a cantar pareció que me salía un gallo por la garganta y soné con la voz más temblorosa que jamás me había escuchado. Para colmo, al segundo compás, el soporte que sostenía el micrófono se aflojó y no se cayó al suelo porque lo sujeté rápidamente con una mano mientras seguía tocando con la otra. Traté de cantar como podía, intentando ralentizar la canción mientras alguien subía rápidamente para ayudarme a colocar de nuevo el soporte con el micro. No puedo describir la sensación de ridículo y de soledad que me invadió. Cerré los ojos y seguí tocando y cantando:

Queremos que estés aquí, Jesús,
no ser como aquellos otros de Nazaret,
que habiéndote conocido no te podían admitir,
como Tú bien dijiste,
ningún profeta es querido en su país.

Cuando terminé, abrí los ojos y pensé que estaba en otro lugar, porque la gente había avanzado hasta el borde del escenario y estaba muy cerca de mí. Nunca supe bien qué fue lo que pasó. Lo cierto es que esa sensación de «no saber muy bien qué pasó» me ha acompañado siempre desde entonces. Treinta y cinco años más tarde, sigo sin saber muy bien qué ha pasado durante todo este tiempo y me sigue asombrando ver que seguimos aquí teniendo que reconocer que hay cosas que han cambiado mucho y hay otras que no han cambiado nada.

En realidad, ha cambiado todo porque es otra sociedad, otro tiempo, otras circunstancias, otra edad como dice la canción, con algunos años más y alguna herida, pero, por otro lado, no ha cambiado nada porque también seguimos aún en pie y luchando día a día, anhelando ver a Jesús...

AQUÍ ESTAMOS.

Este libro nace como respuesta a una pregunta que me hacen muchas personas a lo largo de los años: ¿cómo es posible mantenerse durante tantos años sirviendo al Señor? ¿Qué es eso tan especial que hay que tener? ¿Podría yo también hacer algo así?

He pensado mucho cómo responder, y la respuesta es: SÍ, CLARO QUE PUEDES.

Todo este libro tiene como objetivo convencerte de que puedes hacerlo y de que cualquier pensamiento diseñado para persuadirte de lo contrario no proviene de Dios.

No hablo de la música, sino de servir a Jesús. Es indiferente si tienes grandes talentos o no, porque la realidad es que la obra que Dios hace a través de sus hijos no tiene que ver con la capacidad de sus dones, sino con el poder que solo Él tiene y que ha escogido manifestar en nosotros. Por lo tanto, una vez más se cumple la Palabra, donde dice «Fiel es el que os llama, el cual también lo hará» (1 Ts 5:24). Es decir, si Dios nos llama (y lo hace continuamente), tú y yo respondemos al llamamiento de manera consciente, pero es Él quien nos habilita para cumplir la misión que nos encomiende. Todo se fundamenta en su llamamiento y en nuestra respuesta, no en nuestra capacidad. Por lo tanto, si Él nos llama, podemos, claro que podemos.

Personalmente, cuando miro mi propia vida tengo que reconocer que ha sido así constantemente. Siempre he tenido la convicción de estar respondiendo a un llamamiento para el que no estoy capacitado. En medio de esa contradicción, he vivido milagros sin saber siquiera que los estaba presenciando. Hay una frase en una de las canciones de la banda sonora de *El príncipe de Egipto* que lo expresa a la perfección: «We've been moving mountains long before we knew we could»[1] (hemos estado moviendo montañas mucho antes de saber que podíamos hacerlo). Esa es la idea.

Pienso mucho en la gran nube de testigos que menciona la Biblia en Hebreos 12, cuyos nombres aparecen en el capítulo 11. Hay dos tipos de héroes en esa gran galería. Por un lado, están los que por la fe «conquistaron reinos, hicieron justicia, alcanzaron promesas, taparon bocas de leones, apagaron fuegos impetuosos, evitaron filo de espada, sacaron fuerzas de debilidad, se hicieron fuertes en batallas, pusieron en fuga ejércitos extranjeros» (Heb 11:33–34). Pero después están los otros, los que por la misma fe «fueron apedreados, aserrados, puestos a prueba, muertos a filo de espada; anduvieron de acá para allá cubiertos de pieles de ovejas y de cabras, pobres, angustiados, maltratados, de los cuales el mundo no era digno; errando por los desiertos, por los montes, por las cuevas y por las cavernas de la tierra» (Heb 11:37–38).

Pienso en esos hombres y mujeres porque estoy convencido de que todos ellos, tanto los unos como los otros, no fueron totalmente conscientes de lo que estaba sucediendo

---

1. *When You Believe,* canción compuesta por Stephen Schwartz para la película de animación de DreamWorks *El príncipe de Egipto,* lanzada en 1998. Esta canción fue interpretada por Mariah Carey y Whitney Houston, quienes también la grabaron como dueto para la banda sonora de la película.

en su día a día. Pero en su ministerio particular sobre la tierra, creo que todos vivieron las dos realidades:

1. Actuaron en fe, respondiendo a un llamamiento inexplicable que sintieron, algunos por una voz, otros a través de un ángel, otros por nombramiento de un profeta, por unción o por un mensaje recibido en secreto en sus corazones.

2. Siempre tuvieron que luchar en contra de una sensación interna de incapacidad personal para realizar la labor que les había sido encomendada.

Por eso estoy también convencido de que nosotros, los cristianos, estamos en la misma condición. Vivimos las mismas batallas, luchas, contradicciones o fe, con resultados dispares, pero no significa nada en realidad. Es posible que algunos tengan más éxito visible en lo terrenal, que sean más conocidos, que tengan congregaciones más grandes o vivan en un país en el que no hay gran oposición al cristianismo, mientras que otros vivirán situaciones muy complicadas, sufrirán persecución, clandestinidad de su fe, congregaciones volubles o tendrán que superar grandes retos emocionales, económicos o de cualquier otro tipo. Seríamos muy necios si valoramos el ministerio de unos u otros por los resultados que veamos temporalmente aquí, porque Dios cuenta y recompensa basándose en otras medidas. Lo que Él pone en la balanza es nuestra fidelidad. Echa un vistazo a la parábola de los obreros de la viña (Mt 20:1–16). Al final, es el señor de la viña quien decide la recompensa de cada obrero, nos guste o no.

Lo único seguro es que todos nosotros, los que hemos recibido a Jesucristo como único y suficiente Salvador de nuestras vidas, somos inmediatamente llamados a ser discípulos y al cumplimiento de la Gran Comisión. Eso puede implicar diversos retos, que serán muy diferentes para unos y para otros, pero lo más importante es que esto te incluye también a ti. Lo peor que podríamos hacer es compararnos entre nosotros o equivocarnos al pensar que por tener situaciones menos favorables que otros no podemos responder al llamamiento, como hizo aquel siervo que enterró la porción que le encargó su señor en la parábola de los talentos (Mt 25:14–30). Recuerda que Dios dejó muy en claro que Él no admite esa excusa; al contrario, en la parábola aprendemos que, como mínimo, aquel siervo debió haber puesto su talento en manos de los banqueros para producir intereses. Esto significa que Dios te ha dado algo que tiene en sí el poder de reproducirse. Por lo tanto, puedes hacerlo, claro que sí.

Ninguno de nosotros tenemos grandes resultados que ofrecer. Los resultados son solamente en función de lo que Él nos dio y de nuestra respuesta de obediencia al llamado particular de Dios. Puede que tú pienses que yo obtengo grandes resultados, pero te aseguro que si me comparo con otros me deprimo y me siento el más miserable de los mortales. Insisto, compararnos entre nosotros es un error grave. Honestamente, solo puedo decir que «AQUÍ ESTAMOS», aquí seguimos y seguiremos mientras el Señor quiera. He aprendido que eso es lo único que puedo y debo decir al pensar en honrar y cumplir el llamado de Dios.

También tengo que reconocer que no soy consciente de que hayan pasado tantos años. Creo con sinceridad que solo hay dos cosas que pueden mantenernos a lo largo del tiempo: una es la gracia de Dios que nos sostiene incondicionalmente porque somos suyos; y otra, las decisiones que tomamos a diario. La primera no falla ni fallará nunca. La segunda puede fallar porque es el reto diario que cada uno de nosotros tenemos por delante. Pero la ventaja es que, aun fallando, eso no significa necesariamente que lo hayamos echado todo a perder. Tenemos de nuestro lado al Dios de las segundas oportunidades, terceras, cuartas y así sucesivamente. Podemos reconocer nuestro error y seguir adelante porque sabemos que el que nos llamó es fiel para levantarnos, restaurarnos y volver a ponernos sobre el camino. Es cierto que nuestros errores normalmente tienen consecuencias, pero no es cierto que «no podamos» enmendar el rumbo. De hecho, el amor de Dios y su trato con nosotros cubren multitud de faltas y, si nos ponemos en sus manos, no solo seremos restaurados, sino que aprenderemos de los errores, creceremos y seremos mejores, más ricos y seguramente más competentes.

Palabra fiel es esta: Si somos muertos con él, también viviremos con él; si sufrimos, también reinaremos con él; Si le negáremos, él también nos negará. Si fuéremos infieles, él permanece fiel; él no puede negarse a sí mismo. (2 Timoteo 2:11–13)

Créelo. No es arrogancia. Es fe que confía por completo en aquel que nos llamó. Si Él te llamó, puedes hacerlo.

Pondrás tu mano en el arado y no mirarás atrás (Lc 9:62).

Cuando alguien te pregunte cómo lo llevas, le dirás:

Por la gracia de Dios,

¡AQUÍ ESTAMOS!

PRIMERA PARTE

ANTES

INTRODUCCIÓN

La intención

Lucas nos presenta a unos individuos que pasaron a la historia como «los que querían seguir a Jesús» (Lc 9:57–62). Se trata de un mal titular porque la implicación de la frase es que, aunque quisieron ir con Jesús, lamentablemente nunca llegaron a seguirle. Todo se quedó en un mero deseo. En otras palabras, tenían buenas intenciones, pero no fue suficiente. Mi pregunta es: ¿realmente querían, o solo se estaban excusando como los convidados en la parábola de la gran cena (Lc 14:15–24), que seguramente se sentían halagados por la invitación, pero siempre tenían otros intereses que anteponer?

Cuando me miro a mí mismo y a todos los que seguimos a Jesús en el camino, percibo que la pregunta más importante sigue siendo la misma. No es tanto «¿Puedo responder al llamamiento de Jesús?», sino «¿Realmente quiero seguirle?». Esa fue exactamente la pregunta que planteó el

Maestro al paralítico del estanque de Betesda: «¿Quieres ser sano?» (Jn 5).

Recuerdo con regularidad a un amigo que, después de hacer la oración del pecador arrepentido, comenzó a flojear en su compromiso. Cuando le pregunté por qué se estaba distanciando cada vez más y ya no mostraba el entusiasmo inicial, me respondió que no quería ser hipócrita. Había comprendido el evangelio y creía en la Buena Noticia, pero se veía incapaz de seguir a Jesús porque su vieja naturaleza le dominaba demasiado y le arrastraba hacia sus antiguos hábitos pecaminosos, impidiéndole vivir a la altura de las exigencias del Maestro. Así que decidió regresar a su vida anterior y me explicó que lo hacía como un «ejercicio de sinceridad». Su justificación era «Prefiero no ser artificial ni engañar a nadie». Como era un niño, fui demasiado cobarde para decirle que a mí me pasaba igual y, francamente, me callé al no saber qué contestar en aquel momento.

Hoy no haría lo mismo.

Con los años, he aprendido que mi naturaleza humana siempre se resistirá e irá en contra de lo que propone el evangelio porque yo soy muy carnal y la verdad del evangelio es netamente espiritual, así que la guerra está servida. Pero eso no es una excusa aceptable para abandonar, ni tampoco significa que no puedo enfrentar esa batalla. Solo significa que no será fácil, ¿quién dijo que sería fácil? De hecho, no es nada nuevo. Es algo que ya dijo Jesús cuando estuvo entre nosotros, y también lo dejó escrito el apóstol Pablo: «Porque el deseo de la carne es contra el Espíritu, y el del Espíritu es contra la carne; y éstos se oponen entre sí, para que no hagáis lo que quisiereis» (Gá 5:17). Esto lo sabe cualquiera que ha intentado seguir sinceramente a Jesús. Así que seamos francos en reconocer nuestras dificultades como discípulos de Cristo y no finjamos que caminamos constantemente sobre las aguas. Pero tampoco nos justifiquemos con supuestos «ejercicios de sinceridad». Una amiga mía dice que eso se debería llamar «sincericidio».

Lo cierto es que, durante siglos de historia cristiana, Dios ha tratado con el ser humano y su gracia siempre nos ha salvado y sostenido, por más caídas y errores que hayamos cometido. Siempre fuimos sustentados por medio de la fe, siempre gracias a Él y a pesar nuestro. Precisamente por esto debemos reconocer que la vida espiritual es una lucha constante y diaria para el cristiano. Resulta fácil tropezar, caer y fallarle estrepitosamente al Señor. Pero si nos fijamos bien, veremos que los grandes héroes de la fe nunca se caracterizaron por ser infalibles, sino por reconocer sus errores, a veces muy grandes, arrepintiéndose y levantándose una y otra vez para seguir sirviendo a Dios fielmente y con ánimo renovado. Estoy convencido de que, si mantenemos los ojos en Jesús, cada tropiezo nos mejorará, nos hará más fuertes y precavidos para la próxima vez, mejores cristianos y representantes de Cristo en la tierra, más humildes, más buenos y más sabios. Por supuesto, también menos petulantes.

Pero no hay nadie, insisto, NADIE, por más años de cristiano y por más títulos honoríficos o universitarios o

eclesiásticos que tenga, por más ministerio pastoral, profé-
tico o apostólico que ostente, que pueda decir con sinceridad que no lucha a diario contra su naturaleza humana o que no necesita rendirse ante la cruz pidiendo y encontrando «gracia para el oportuno socorro» (Heb 4:16). Eso es humano, real y auténtico. Cualquier otra cosa es pura fachada.

> Estoy convencido de que, si mantenemos los ojos en Jesús, cada tropiezo nos mejorará, nos hará más fuertes y precavidos para la próxima vez.

Por lo tanto, es sincero reconocer nuestras debilidades y aun así decidir seguir a Cristo, sabiendo que cualquier victoria que ganemos será siempre por su gracia. Cuando digo «gracia» me refiero al regalo que Dios nos brinda de manera totalmente altruista sin que hayamos hecho nada para merecerlo. Esto no es una mala noticia; al contrario, esto significa que no necesitamos ser superhéroes para responder al llamamiento de Jesucristo. No hacen falta habilidades especiales ni dones importantes para llegar a ser útil en el reino de los cielos. Quien sostenga lo contrario no ha entendido lo que significa ser cristiano, o se engaña a sí mismo. Tan equivocado es pretender una perfección y santidad consumadas fuera del alcance de cualquier ser normal como lo es autodescalificarse de entrada al descubrir que la carne no es fácil de domar y que se resiste con fuerza.

Mi padre me dijo que una de sus mayores decepciones cuando entregó su vida a Jesucristo fue descubrir a la mañana siguiente que el deseo de pecar no había desaparecido. Creo que esa es una confesión muy honesta que todos necesitamos oír. Lo cierto es que los seguidores de Jesús luchamos siempre contra esa sensación de que, en realidad, no podemos seguirle, de que con esta naturaleza no somos capaces, de que la victoria espiritual pareciera estar reservada a un grupo de privilegiados que tienen la suficiente fuerza de voluntad como para superar sus propias dificultades, que simplemente no tienen las mismas tentaciones que nosotros, o no tantas. Pero no es correcto ni sabio pensar así porque Jesús nos sigue llamando a seguirle y Él nunca nos pide hacer algo que no podamos.

Por lo tanto, estas páginas están escritas para todos aquellos que alguna vez se han sentido desanimados al tratar de seguir a Jesús o en el deseo de hacer algo para Él. Son para aquellos que prefieren ni comenzar porque se conocen bien, no se fían de su propia naturaleza y por eso creen que es mejor no responder al llamamiento, porque no podrán cumplir con el Señor. Pero no es cierto.

¡Claro que puedes!

Nadie dijo nunca que sería fácil, pero Aquel que nos llamó prometió estar con nosotros todos los días hasta el fin del mundo (Mt 28:20). Esa presencia, ese «estar con nosotros» es mucho más que una compañía espiritual para que no nos sintamos solos. Es, más bien, un compromiso constante por su parte de seguir moldeando nuestras vidas, perfeccionando la buena obra que comenzó un día en nosotros (Fil 1:6), de modo que no nos quedemos a medias en el camino, que nuestro deseo de seguir a Jesús como discípulos no sea un mero deseo, tal como sucedió con aquellos tres que querían seguir a Jesús, pero nunca lo hicieron. Sinceridad, entonces, sería comenzar a hacernos la pregunta correcta, que no es «¿Puedo yo seguir a Jesús?», sino «¿Quiero yo seguirle, implique lo que implique?».

A todos los que, como yo, se ven constantemente intimidados por su propia naturaleza carnal y sienten que ellos mismos son el impedimento más grande para seguir a Jesús, quiero animarlos con las palabras de Felipe al funcionario etíope cuando se quiso bautizar: «Si crees de todo corazón, bien puedes» (Hch 8:37). Eso es exactamente lo que pienso: si hemos creído y queremos seguirle, podemos hacerlo. Si el Espíritu Santo hizo en nosotros el milagro de darnos vida nueva, generar una fe viva e hizo nacer en nuestro corazón un deseo profundo de seguirle, entonces podemos lograrlo, porque el poder que gestó en nosotros la fe y el deseo inicial es el mismo poder que nos capacita para hacerlo hoy (Fil 2:13).

Nada de querer y no poder. Asegúrate de haber creído y asegúrate de querer. Porque, si crees, bien puedes. Literal. Por lo tanto, ante el llamamiento de Jesús y antes de que decidas que no te es posible, mi pregunta para ti vuelve a ser ¿realmente quieres, o te quedas con la vieja excusa del «no puedo» como mi amigo? ¿En serio te vas a conformar con nadar en esas aguas tan cómodas para ti, engañándote a ti mismo y creyendo que engañas a alguien?

Si decides seguir leyendo, quiero advertirte que no encontrarás referencias a ningún libro excepto a la Biblia. Y no es porque piense que no tenemos nada que aprender de otros escritos, sino porque mi intención última es volver tus ojos a la Biblia para encontrar en ella algunas de las claves que me han ayudado a vivir diariamente esta realidad que revolucionó mi concepto del discipulado, es decir, de seguir a Jesús. Leyendo la Biblia he llegado a desenmascarar algunos de los obstáculos que me impiden seguir a Jesús como Él quiere o que me hacen pensar que no puedo. En estas páginas trato de enumerarlos. Si estás leyendo esto hoy, eres una de esas personas por las que oro pidiendo al Padre que su Espíritu Santo use estas palabras para ayudarles.

Claro que puedes.

Créelo.

En el nombre de Jesús.

CAPÍTULO 1

Profesión o vocación

Alguna vez escuché esta historia sumamente conocida y popular que me hizo pensar mucho. Durante la celebración de una boda, un médico conversaba con un abogado sobre lo agotador que le resultaba tener que ocultar siempre su profesión en las reuniones sociales, porque tan pronto alguien se enteraba de que era médico aprovechaba para contarle sus dolores y pedirle una opinión profesional o algún remedio. Nunca podía disfrutar ni relajarse olvidando el trabajo.

—Usted que es abogado, ¿qué me sugeriría si estuviera en mi lugar? —le preguntó.

—Bueno, a mí me sucede lo mismo —respondió el letrado—, solo que la gente me aborda con sus problemas legales, los pleitos y las injusticias, pero le comprendo perfectamente. En cuanto digo que soy abogado los tengo encima. Es horrible.

—¿Cómo lo maneja usted? —preguntó el médico.

—Muy fácil —dijo el abogado—. Presto atención y escucho educadamente el problema para poder darle una solución satisfactoria y profesional, como si estuviera en mi bufete. Eso sí, al día siguiente le envío la factura a su casa. Usted debería hacer lo mismo. Su tiempo es valioso, al igual que su trabajo. No permita que nadie abuse de usted. Si quieren una consulta, que la paguen.

—¡Tiene razón, esa sí que es una buena solución! —exclamó el médico, agradecido por el consejo y proponiéndose hacer exactamente lo mismo a partir de aquel momento.

Sin embargo, lo que no adivinó fue que a la mañana siguiente llegaría a su domicilio una factura del abogado junto con una nota que decía: «Encantado de haberle prestado mis servicios».

Creo que uno de los principales malentendidos que existen hoy en la cristiandad tiene que ver con esa idea de «profesionalización» del ministerio espiritual. De hecho, el pastor se encuentra en una situación muy similar a la del médico o el abogado. Si no tiene cuidado, termina tarde o temprano aislándose, huyendo de la gente y sin capacidad de disfrutar ningún evento social porque rápidamente se siente utilizado, como si siempre estuvieran usándolo y nunca pudiera desconectarse de su profesión y ser una persona normal.

Se ha instalado en la mayoría de nosotros la imagen del ministerio cristiano como un oficio más, una tarea a la que una persona debería dedicar ocho horas al día, con la remuneración y las vacaciones correspondientes. Todo esto, por muy lícito, justo y lógico que parezca, es para mí uno de los mayores obstáculos a la hora de seguir a Jesús como Él nos lo pide.

Antes de ser apedreado por decir algo que para algunos podría sonar como herejía, permite que me explique. Yo comprendo perfectamente el concepto del ministerio remunerado y todo lo que conlleva. Creo además que tiene su lugar y es bíblico, de modo que, por favor, que nadie me malentienda. Soy pastor evangélico a tiempo completo. Comprendo y soy perfectamente consciente de la necesidad práctica de sustento para cualquiera y además defiendo que «el obrero es digno de su salario» (1 Ti 5.18). Creo que los pastores y ministros espirituales deben vivir dignamente, quizás un tanto mejor en sociedades desarrolladas, pero en cualquier lugar del mundo siempre existe la preocupación de sostener con dignidad a los ministros. Creo que el Nuevo Testamento enseña el principio de la responsabilidad de una congregación con el sostenimiento económico de sus obreros.

Lo que trato de decir de una manera más amplia y en relación con todos los cristianos es que la respuesta del discípulo al llamamiento de Jesús no puede depender de la remuneración, como cuando uno calibra si le conviene un puesto de trabajo. Si así fuera, el evangelio jamás habría llegado hasta nosotros, de modo que volvamos, por favor, al concepto original del llamamiento y la respuesta al mismo. Me refiero a que no podemos comprar esa idea errónea que confunde la vocación espiritual con una profesión, presuponiendo que para responder a Jesucristo en esta vida y servirle de verdad hay que planificar ser un ministro espiritual a tiempo completo. Eso no es bíblico ni se ajusta a lo que Jesús dijo cuando llamó a los suyos y les encomendó la misión de evangelizar. Al contrario, les dijo «de gracia recibisteis, dad de gracia» (Mt 10:8).

La realidad sobre el nuevo nacimiento es que la persona que lo experimenta es transformada y a partir de ese momento sus prioridades sufren un cambio radical. Pablo decía: «... ya no vivo yo, vive Cristo en mí» (Gá 2.20) y continúa: «... y lo que ahora vivo en la carne lo vivo en la fe del Hijo de Dios...». Aunque reconoce que sigue viviendo en su cuerpo, ha nacido espiritualmente y esto ahora afecta de forma inevitable a toda su vida. A partir de ese momento dice sentirse deudor con el mundo entero (Ro 1:14), pero no parece ser algo exclusivo, ya que en otra carta dice que Jesús murió por todos, para que «los que viven ya no vivan para sí, sino para aquel que murió y resucitó por ellos» (2 Co 5:15). Esto es totalmente independiente de la profesión de cada uno. Es más bien un tema de prioridades, del mismo modo que uno ya no vive igual cuando se casa, se somete seriamente a una dieta, se prepara para un maratón (1 Co 9:14) o para un combate (1 Co 9:25). Uno sigue siendo uno mismo, pero, al mismo tiempo, todo cambia. No es cuestión de sueldo, sino de prioridades.

Este cambio radical es especialmente fácil de pasar por alto cuando el cristiano es un hijo de creyente, es decir, alguien que pertenece a lo que yo llamo «segunda generación». Esto es producto de la ausencia de una transformación sustancial en la vida que marque «un antes y un después» de haber conocido a Jesucristo. Normalmente, quien recibe el mensaje del evangelio por primera vez y se entrega totalmente a Jesús experimenta un cambio que, por supuesto, no está exento de dificultades, pero que provoca una diferencia trascendente en su persona. Es como una dinamo que no cesa de producir energía para todo el sistema. El nuevo convertido ya no quiere regresar a su vida vieja infructuosa y se alejará decididamente de todo lo que le lleve de vuelta a su pasado. Sin embargo, el hijo del creyente «nació en casa» y carece de esa experiencia tan radical de cambio porque creció en un ambiente cristiano, aprendió de principios bíblicos y realidades espirituales que aplica a diario como normas de conducta. Esto tiene una parte muy buena si está bien encauzado desde el principio, pero también tiene una parte peligrosa. Como ejemplo, solo hace falta echar un vistazo a la historia de Jesús que nos presenta la lamentable situación del hermano mayor del hijo pródigo (Lc 15:25–32). Le resultó natural argumentar que la fiesta y el reconocimiento deberían ser para quien se lo ganara, alguien como él y no como su hermano menor, que no merecía absolutamente nada. De ahí a verlo como un trabajo y exigir un sueldo hay solo un paso.

Cuando pasamos por alto este aspecto importantísimo del llamamiento de Jesús, es decir, el aspecto del cambio radical en la vida que convierte la respuesta del discípulo en un privilegio y no en una obligación, fácilmente podemos caer en la trampa de entender el ministerio cristiano como una profesión más, una opción de trabajo que debe ser remunerado de manera digna, con normalidad, como se hace con un médico o un abogado. Estudias la carrera y luego ejerces. Si no es así, la misión no puede ser realizada de forma digna ni correcta y no se le pueden «pedir peras al olmo».

Una vez más, aun comprendiendo y respaldando el concepto de un ministerio espiritual sostenido económicamente, es necesario distinguir de entrada la diferencia entre profesión y vocación. La palabra «vocación» proviene del verbo latín *vocare* que significa «llamar» o «acción de llamar». Es primordial que los cristianos comprendamos que el cumplimiento de la Gran Comisión nace de esa idea. No implica presentarse para conseguir una contratación ni estamos tampoco ante un cupo limitado de vacantes. Todo eso son conceptos del campo laboral secular que se han introducido en el ministerio espiritual en un intento por brindarle cierta dignidad y orden. Sin embargo, no estamos hablando de una postulación a un puesto, sino de una respuesta al llamamiento de Jesús, una respuesta fundamentada en un corazón agradecido, enamorado de Él por el nuevo nacimiento, una decisión basada en un cambio interior radical y de naturaleza espiritual. Se trata de la respuesta al llamado de Dios que se hace con agradecimiento eterno por haber sido rescatado de una muerte segura.

Lo que precisamente dignifica al ministerio espiritual es ese carácter de llamamiento o vocación que viene de Dios, además del poder sobrenatural que el Espíritu Santo provee a los que responden y que los capacita y los hace totalmente dependientes de Él. Si las circunstancias particulares del momento y la ocasión lo permiten, aconsejan y en algunos casos derivan algún tipo de sostenimiento económico, gloria a Dios por ello, pero de no ser así, el discípulo tiene claro que sirve al Maestro por vocación divina, no como una profesión o actividad remunerada. El que responde al llamamiento en función de la existencia o no de un sueldo antepone la necesidad económica (que es absolutamente real) a la vocación, y eso está mal enfocado desde el principio y dura lo que duran en un mundo cambiante las fuerzas, el entusiasmo, las ganas y, sobre todo, el sueldo, todo ello cuestiones humanas.

Considero muy necesario enfatizar de entrada este principio especialmente hoy, cuando la filosofía del consumo y el lujo están a la orden del día y se nos presentan como algo muy actual, normal, indiscutiblemente lícito, exigible y merecido, incluso entre nosotros. Esto puede llegar a confundirnos bastante cuando hablamos del llamamiento de Jesús y se puede convertir en un obstáculo que ni siquiera vemos, pero que podría llegar a disuadirnos de aceptar el reto. Parece ser que ganar dinero se ha convertido en lo más importante de la vida y, hoy más que nunca, una persona aparenta relevancia (incluso para predicar el evangelio) en función de cuánto dinero gana y el tipo de ropa que viste.

Esta mentalidad ha conseguido proveer el caldo de cultivo perfecto para que florezcan en las iglesias diversas doctrinas de prosperidad material como sinónimo de bendición espiritual, que no son más que manipulación, que producen daño y el consecuente vituperio del evangelio y del nombre de Jesucristo.

Cuesta sangre, sudor y lágrimas recuperar el terreno perdido entre los propios cristianos por estas cuestiones; y no digamos entre los no creyentes que acumulan argumentos descalificativos contra los cristianos. Si quieres sonar anticuado y fuera de lugar en una congregación normal, solo repite estos versículos:

> *Porque todo lo que hay en el mundo, los deseos de la carne, los deseos de los ojos, y la vanagloria de la vida, no proviene del Padre, sino del mundo. Y el mundo pasa, y sus deseos; pero el que hace la voluntad de Dios permanece para siempre.* (1 Juan 2:16–17)

Hablando, entonces, de la respuesta al supremo llamamiento, ¿qué tal si recordamos las palabras de Jesús? Bastaría con regresar al Sermón del monte, al momento en que habla del afán y la ansiedad, de la inconveniencia de preocuparse demasiado por el vestido o por la comida, y propone dejar estas cosas en manos de Dios y aprender de las aves del cielo y los lirios del campo, que, siendo mucho más insignificantes que nosotros, obtienen su sustento directamente de la provisión del Padre celestial (Mt 6:25–34). Por anacrónico que parezca, suena como una indicación directa del Maestro, quien nos invita a no orientar nuestro pensamiento como lo hace nuestra sociedad de consumo, la cual evalúa todo en términos materiales. El pasaje tiene al final unas palabras que conservan el mismo poder y significado para nosotros hoy:

Buscad primeramente el reino de Dios y su justicia y todas estas cosas os serán añadidas. (Mateo 6:33)

Si logras abrazar esta idea, verás que puedes. ¡Claro que puedes! Si, por el contrario, tienes una expectativa diferente, de algún tipo de remuneración digna o enriquecimiento terrenal, entonces puedes llevarte una gran decepción. Pero el problema no está en el evangelio ni en el llamamiento de Jesucristo, sino en un error de enfoque. Puedes disfrazar tu perspectiva con providencia divina, prosperidad profética o usando distintos textos bíblicos sin mayor relación entre ellos. Mientras no destierres esa mentalidad materialista de tu corazón, no funcionará, por más que lo desees.

CAPÍTULO 2

Renuncia

Volvamos al principio: Lucas nos presenta tres individuos que pasaron a la historia como «los que querían seguir a Jesús» (Lc 9:57–62). En los próximos capítulos hablaremos específicamente de los obstáculos que estos personajes tuvieron que enfrentar.

Empecemos hablando del primero, quien expresó su deseo de seguir al Maestro a cualquier lugar y se encontró de golpe con la siguiente respuesta: «Las zorras tienen guaridas y los pájaros nidos, pero el Hijo del hombre ni siquiera tiene dónde recostar la cabeza» (Lc 9:58 BLP). Jesús siempre sabe lo que hay en el corazón de las personas más allá de lo que expresen sus palabras. Por eso, muchas veces sus respuestas no cuadran con la pregunta formulada, porque no está respondiendo a las palabras pronunciadas de forma audible, sino a la motivación oculta del corazón. Esto le hace único porque solo Él sabía lo que hay en el interior de las personas (Jn 2:24–25).

Este señor es uno de los que «querían seguir a Jesús», pero nunca llegaron a hacerlo. ¿Por qué? Podríamos suponer que le pareció atractivo el modelo de vida de un discípulo de Cristo, pero cuando Jesús lo vio y lo escuchó, notó que estaba pasando por alto un aspecto muy concreto del discipulado. Esa carencia lo llevó a clarificarle sin rodeos la realidad y eso fue suficiente para frenar el entusiasmo inicial de este hombre.

Analicemos la respuesta. ¿Qué le dijo exactamente y por qué este hombre no pudo seguir al Maestro a pesar de desearlo? Sobre todo, ¿qué tiene que ver su actitud con nosotros y qué podemos aprender? ¿Qué es eso tan importante que Jesús quiere que comprendamos de entrada si queremos seguirle? (Piensa que todo esto es antes de tomar la decisión).

Se trata de lo que yo presento como el segundo gran escollo a la hora de seguir a Jesús: El sustantivo es «renuncia», el verbo es «renunciar». Encuentro dos acepciones en el diccionario para definir esta palabra. La primera es «Abandonar voluntariamente una cosa que se posee o algo a lo que se tiene derecho». La segunda es «Desistir de hacer lo que se proyectaba o deseaba hacer».[1]

Piénsalo.

¿Por qué tienen las zorras guaridas? Porque su instinto las lleva a refugiarse en cuevas y huecos de distintos tipos y tamaños. Y podrías preguntarte: «¿Es eso algo malo?». Respuesta: «No, es lo normal y es hasta bueno porque fue

---

1. https://dle.rae.es/renunciar.

Dios mismo quien las creó y las diseñó para que respondieran de esa manera». ¿Por qué las aves tienen nidos? Porque Dios puso en ellas el instinto de construirlos para cobijarse y para criar a sus polluelos; por lo tanto, también eso es algo natural y bueno.

Del mismo modo, no es nada malo que un hombre tenga un lugar donde descansar y recostar su cabeza. Sin embargo, Jesús dice que Él no cuenta con ese lugar estable de reposo que todo el mundo anhela y da a entender que, si alguno desea seguirle en el camino, tendrá que estar dispuesto a resignarse y sobrevivir sin reclamar esa almohada que normalmente le correspondería y que además no tiene nada de malo. De modo que sí, la palabra clave es «renuncia».

Es muy importante comprender esta demanda porque Jesús no le está pidiendo que abandone el pecado o alguna otra cosa mala, pues esto último ya se da por supuesto. Lo que le pide es que deje atrás toda perspectiva de comodidad o lujo que, en cualquier otro contexto, probablemente sería muy lícita, excepto si hablamos de ser discípulos de Jesús. Esto parece tan importante que el Maestro pretende dejarlo absolutamente claro desde el primer momento. En otras palabras, si antes hablábamos de desterrar del pensamiento la idea de profesión remunerada, aquí Jesús avanza incluso un paso más y nos dice que no solo se trata de olvidarse del sueldo, sino de hasta cualquier expectativa de comodidad. El discípulo no aspira a viajar en primera clase ni a dormir en un hotel de cinco estrellas. Por el contrario, parece que irá caminando y descansará donde buenamente pueda. Si resulta que encuentra alguna comodidad, deberá entenderlo como una bendición inesperada, un regalo que no estaba en el contrato.

Esta advertencia coincide totalmente con el sentido de aquellas otras palabras que dice un poco antes, «Si alguno quiere venir en pos de mí, niéguese a sí mismo, tome su cruz cada día, y sígame» (Lc 9:23). Eso de «negarse uno mismo» es una de las ideas menos populares que existen en el cristianismo actual. Es totalmente contracultural. Significa literalmente aprender a decir NO *a uno mismo*. Por el contrario, lo que más encontramos en la actualidad, no solo en los mensajes sociales, sino incluso desde muchos púlpitos, es la idea de que el verdadero cristianismo se evidencia cuando es acompañado de una buena bendición terrenal para el discípulo, algo que se manifiesta en términos de beneficios económicos o de bienestar social. Algunos sectores cristianos se han enfocado e incluso se han especializado totalmente en temas de mejoras sociales, llegando a tener gran resonancia y reputación como benefactores en entornos seculares. Entonces, no es extraño que para muchos el concepto de «iglesia» y de «espíritu cristiano» en medio de la sociedad actual se limite a la ayuda social y a las iniciativas de voluntariado dedicadas a alimentar a los hambrientos o proveer para los pobres.

No estoy diciendo que la iglesia no deba dedicar esfuerzos a estas labores de asistencia, pero sí digo que esa no es, ni nunca fue, nuestra misión principal, sino solo un efecto secundario del amor incondicional que Cristo ha derramado en nuestros corazones. Un cristiano auténtico siempre hará lo posible para ayudar al necesitado, pero lo hará movido por el amor ágape de Dios, cuya intención va mucho más allá de satisfacer simplemente la necesidad material de alguien. Es natural que, en momentos de catástrofes naturales, de guerra, de pandemia o escasez, la iglesia esté presente como una fuerza ayudadora y humanitaria. Sin embargo, la Gran Comisión que Jesús dio a la iglesia sigue apuntando principalmente hacia la salvación de las almas, no a la provisión de mejoras o beneficios terrenales y pasajeros. Pablo dijo: «a todos me he hecho de todo, para que de todos modos salve a algunos» (1 Co 9:22).

¡Esa es la misión!

Si la misión de Jesús hubiera sido humanitaria, habría multiplicado los panes y los peces todos los días, pero solo lo hizo una vez o dos. No olvidemos que precisamente ese milagro fue un misterio para sus discípulos y desde entonces solo continuaron siguiéndole aquellos que comprendieron el énfasis espiritual, y no benéfico, de su ministerio (Jn 6).

Ahora es cuando nuestro amigo, el que quería seguir a Jesús, se detiene por primera vez a analizar el precio del discipulado. Se da cuenta de que no hay ninguna gratificación de tipo económico o social y que además tampoco será una vida normal con las comodidades mínimas satisfechas, sino todo lo contrario, significará renunciar a bienes tan fundamentales y razonables como una simple almohada. Pero ¿en qué cabeza caben tales demandas? Todo suena en contra de mi mentalidad humana, acostumbrada a controlar todo y a medir muy bien antes de decidir cuánto esfuerzo voy a invertir, cuánta recompensa tendré y si realizar la tarea vale o no vale la pena. Cuando este hombre analiza lo que le acaba de decir Jesús, es probable que haya llegado a la conclusión de que se ha precipitado bastante y no está preparado. Puede que esté preparado para decir NO a muchas cosas, pero no a «sí mismo», al menos no al nivel que Jesús plantea. Desearía seguir a Jesús y hasta le encantaría, pero en realidad sabe que no lo hará nunca porque no está dispuesto a renunciar a ciertas cosas. Lo que probablemente no sabe es que Jesús cuida de los suyos y que, cuando Dios nos llama, Él mismo se encarga de proveer para nosotros todo lo necesario si en verdad estamos dispuestos a renunciar a lo nuestro y abandonarnos en sus manos, confiando en su providencia.

Es cierto que el Hijo del Hombre no tenía dónde recostar su cabeza, sin embargo, la cabeza de Jesús descansó cada noche gracias a la provisión sobrenatural del Padre. A veces sería en el campo, otras veces en una cueva y otras en una casa prestada, ¿quién sabe?, pero siempre hubo provisión para sus necesidades. Esto también sucede con aquellos que le siguen. Cuando queremos realmente seguirle, debemos asumir la renuncia que el Señor demanda y vivir en una constante actitud de entrega incondicional en las manos de la providencia de Dios, porque de lo contrario más adelante tendremos un problema. Es como si Jesús dijera: «Después no digas que no te avisé».

*Pero si sabes esto y aun así quieres,
¡claro que puedes!*

Este concepto de la renuncia llega a ser tan importante que Jesús, en una ocasión, envió a sus discípulos a predicar y les dijo que fueran sin bolsa, sin alforja y sin espada, cosas tan básicas en cualquier viaje de esa época que hasta sonaba absurdo y temerario no llevarlas. Pero, una vez más, se trata de la misma mentalidad que Jesús pide a aquellos que le siguen: desapego a lo propio lícito, conocido y hasta cómodo, entregándose de forma incondicional a la providencia divina con fe genuina por amor a Jesús y al discipulado.

No ver esto con claridad, u olvidarlo a lo largo del camino, se convierte en un serio obstáculo para el discipulado. Sucede con más facilidad de lo que estamos dispuestos a reconocer y de repente sentimos esa sensación de «No puedo, no estoy hecho para esto...».

Siempre recuerdo a uno de mis antiguos colaboradores que se quejaba de su suerte en el ministerio pastoral y decía que un pastor nunca podría ascender en el plano social o económico como lo hace cualquier otro trabajador en una empresa normal. Es obvio que la mentalidad de renuncia inicial había desaparecido o nunca estuvo de verdad en su vida. Ese es un examen importante que debemos hacernos continuamente a la hora de seguir a Jesús. Por ejemplo, debemos preguntarnos: «¿Dónde están mis prioridades?». Si tu prioridad está en ascender, en obtener un mejor puesto de trabajo, una mayor remuneración económica o más bendición en términos de bienes terrenales, entonces es normal que tengas grandes dificultades para seguir a Jesús en el camino. Quizá es el momento de preguntarte con honestidad:

> ¿Estoy yo dispuesto a renunciar a cualquier bien momentáneo por el bien mayor de seguir a Jesús? ¿Cuál es la recompensa que espero?

Permíteme terminar este capítulo con el recuerdo del mesonero que aparece en la parábola del Buen Samaritano. Hablamos poco de él, pero para mí es un grande en el reino de los cielos. Se queda con un enfermo, dos denarios y un mensaje:

> *Cuídamele; y todo lo que gastes de más, yo te lo pagaré cuando regrese.* (Lucas 10:35)

Mi pregunta es: ¿tú crees que gastó más de dos denarios? Yo creo que sí. Pienso que muchos de los que seguimos a Jesús en el camino tenemos la misma sensación. Sentimos que estamos gastando mucho más de lo que se nos dio y que nos vamos quedando sin fuerzas y en números rojos. La renuncia desgasta. Sin embargo, te reto a que nunca pierdas el sentido de privilegio al servir al Maestro. El Buen Samaritano regresará un buen día del mismo modo que se fue y Él ha prometido que te pagará todo lo que hayas gastado de más. De hecho, en una ocasión Jesús se refirió a este tema de la renuncia con las siguientes palabras:

> *De cierto os digo, que no hay nadie que haya dejado casa, o padres, o hermanos, o mujer, o hijos, por el reino de Dios, que no haya de recibir mucho más en este tiempo, y en el siglo venidero la vida eterna.* (Lucas 18:29–30)

¿Podemos nosotros decir como el salmista: «A quién tengo yo en los cielos sino a ti, y fuera de ti nada deseo en la tierra» (Sal 73:25)? Si la renuncia no es un problema y mantienes la sensación de privilegio por seguir a Jesús, ¡claro que puedes!

CAPÍTULO 3

Procrastinación

Ahora toca hablar del segundo personaje que nos permitirá encontrarnos con otro de los grandes obstáculos a la hora de decidir seguir a Jesús. Jesús ve y llama a una persona, aunque Mateo, en el pasaje paralelo (Mt 8:21–22), nos presenta la escena un tanto diferente, en la que es el discípulo quien se dirige al Maestro diciendo: «Señor [te seguiré, pero] permíteme que vaya primero y entierre a mi padre». En cualquier caso, lo que queda claro en ambas versiones es que alguien aborda el tema del discipulado pidiendo a Jesús algo más de tiempo. No es una negativa, solo es una petición que suena bastante lógica porque el hombre quiere enterrar a su padre. La respuesta de Jesús sorprende porque nos parece dura, incluso algo desconsiderada, cuando le oímos contestar: «Deja que los muertos entierren a sus muertos. Tú dedícate a anunciar el reino de Dios» (Lc 9:60 BLPH).

Yo he escuchado decir que estas palabras de Jesús no deben ser tomadas como una impertinencia o falta de respeto hacia el luto de una familia, sino que fueron dichas en el contexto cultural judío, donde un hombre tenía la responsabilidad de encargarse de la manutención de su madre una vez que su padre falleciera, y que esto era lo que el discípulo le pedía al Señor. En otras palabras, es muy posible que el hombre no estuviera pidiendo una dispensa momentánea porque su padre acababa de morir y deseaba acudir al entierro, sino que estaba, más bien, expresando su indisposición para seguir a Jesús hasta que llegara el día de la muerte de su padre. Una vez solucionado su compromiso familiar, entonces sí podría dedicarse a seguir al Maestro. Sinceramente, no sé si esa era la circunstancia que estaba viviendo, pero, en cualquier caso, a mí me parece que Jesús está refiriéndose también a la Escritura, ya que a los sacerdotes y a todos aquellos que se apartaban para Dios la ley de Moisés los eximía de responsabilidades y contacto con los muertos (Lv 21:11 y Nm 6:6). Pero, en cualquier caso, el Maestro deja claro que el llamamiento divino está muy por encima de asuntos humanos y no puede ser retrasado por ningún asunto terrenal. La muerte que aquí está en juego, la muerte eterna, es mucho más importante que la muerte terrenal. Así de drástico y así de intransigente se muestra Jesús cuando se trata del llamamiento al discipulado.

Por lo tanto, en esta ocasión la palabra es «procrastinación», que se definiría como «acción o hábito de retrasar actividades o situaciones que deben atenderse, sustituyéndolas por otras situaciones más entretenidas o agradables».[1] Evidentemente, lo de enterrar a un ser querido no es agradable ni entretenido, pero en un sentido se puede percibir como algo mucho más natural y acorde con lo que puede considerarse normal. Es lo que se espera de una persona responsable y centrada, mientras que entregarse en cuerpo y alma a una vocación espiritual y dedicarse a peregrinar por quién sabe dónde siguiendo a Jesús es considerado como algo mucho más loco, más negligente y hasta fuera de lugar. Por lo tanto, cuando normalmente percibimos el llamamiento de Jesús para seguirle, uno de los grandes impedimentos es esa sensación de estar cediendo a un impulso disparatado que muchos no entenderán, sino que criticarán, un impulso que nos hará salirnos de lo normal para ir contra la corriente. Lo más sensato sería quizás pedir un poco de tiempo, al menos para pensarlo. Es como si este hombre dijera: «Espera un poco, Señor, por lo menos que yo entierre a mi padre, que es algo juicioso, y así de paso me da tiempo a sopesarlo todo un poco más y me voy haciendo a la idea». Lo cierto es que un razonamiento así parece absolutamente normal, pero nos encontramos con la respuesta de Jesús que pudiera ser algo como: «Lo siento, pero lo único que no tenemos es tiempo. Si me vas a seguir, es ahora o nunca. No lo puedes aplazar más».

Curiosamente, en la misma línea de lo que hablábamos en el capítulo anterior sobre la renuncia, nos encontramos

---

1. https://www.copmadrid.org/wp/procrastinacion-que-es-y-como-se-vence/.

de nuevo con un tema que no se refiere a algún pecado flagrante, sino a algo que aparenta ser muy coherente. Podríamos pensar con respecto a otras personas: ¿cómo negarle a alguien el derecho a sepultar a sus familiares fallecidos? También podríamos hacernos esta pregunta y este razonamiento con respecto a nuestras propias vidas: ¿cómo voy a seguir a Jesús si aún hay varias cosas en mi propia vida que necesitan ser solucionadas y que además son mi responsabilidad? Le seguiré una vez que atienda ciertos asuntos y solucione algunos «cuando»:

Cuando tenga cierta solvencia económica.

Cuando me haya casado.

Cuando mis hijos crezcan y se emancipen.

Cuando construya mi casa.

Cuando entierre a mis padres.

Cuando me sienta emocionalmente estable.

Cuando_____ (coloca tu propia excusa).

Todo lo anterior son cosas muy normales y nadie podría decir que son malas, pecaminosas o ilícitas. Sin embargo, Jesús sigue diciendo: «Deja que los muertos entierren a sus muertos...». ¿Por qué dice Jesús eso?

La respuesta está en que el Maestro no tolera la procrastinación. Para Él es un obstáculo que descalifica al aspirante a discípulo. En otras palabras, si para ti hay algo más prioritario que Jesús, no has comprendido la naturaleza del llamamiento y la alternativa que propones no funcionará.

Jesús llama a sus discípulos a un seguimiento inmediato, sin importar lo que esté aún sin resolver.

Es un error pensar que para responder al llamamiento de Jesús y seguirle como un discípulo

> **Jesús llama a sus discípulos a un seguimiento inmediato, sin importar lo que esté aún sin resolver.**

necesitamos primero «solucionar» todas las cosas. Por un lado, la realidad es que nadie tiene todo solucionado cuando viene a Jesús, al contrario, normalmente quien viene a Él, o aquel a quien el Señor atrae hacia Él, tiene la vida rota y le sigue porque no encuentra nada que tenga más sentido o le produzca una verdadera esperanza. Por otro lado, el momento de tenerlo todo solucionado no llegará jamás, siempre quedará algo por resolver, de modo que, si esa es la condición necesaria para seguir a Jesús, entonces nunca responderemos a su llamamiento.

El ejemplo más claro está en aquellos pescadores a quienes llamó mientras caminaba junto al mar de Galilea. No es que lo tuvieran todo solucionado, ni mucho menos, estaban en plena faena, en medio de sus quehaceres diarios. Unos echaban la red en el mar y otros remendaban sus redes porque eran pescadores, pero al escuchar el llamamiento de Jesús se nos dice que Pedro y Andrés dejaron al instante las redes y le siguieron (Mt 4:20), y Jacobo y Juan dejaron al instante la barca y a su padre y le siguieron (Mt 4:22).

Al instante.

No se atrevieron a retrasar su respuesta, por más que la labor que tenían entre manos se quedara a medias. Pienso que este aspecto es clave. Cuando Jesús nos llama, solemos luchar con la idea de posponerlo para un poco más tarde. Además, la explicación parece siempre muy razonable. Tendemos a pensar: «Necesitamos preparación, no nos precipitemos, no vaya a ser que todo sea producto de una emoción pasajera y nos arrepintamos después».

Un pastor que está a punto de jubilarse me decía muy contento: «Ya tengo sucesor». Se me ocurrió que podría tratarse de un par de personas cercanas a su ministerio, pero me presentó a alguien que yo no conocía. Él me dijo: «Aquellos son buenos muchachos y aman al Señor, pero eso de llevar la carga del pastorado y dejar todo lo demás... *eso no les interesa*. Tienen sus vidas ya organizadas. Sin embargo, él me ha sorprendido porque, a pesar de tener menos talento, tiene toda la pasión, la carga y la disposición inmediata de abandonarlo todo y abrazar el ministerio».

No pretendo decir que el discipulado sea una invitación a la locura y a la precipitación. Fue Jesús quien dijo que un hombre debe sentarse a calcular con prudencia el coste antes de emprender la construcción de una torre (Lc 14:28). Tampoco estoy diciendo que podemos seguir a Jesús sin dar antes la espalda al pecado. Hablo del error de anteponer cosas humanamente lícitas a la prioridad del discipulado. La procrastinación es un obstáculo terrible y muy frecuente entre los que son llamados por Jesús.

Es curioso, pero la postergación no sucede por falta de amor al Maestro, sino que muchas veces es producto del temor. Son nuestras propias emociones las que nos engañan. Es el miedo a fallar, el recelo ante nuestras inconsistencias, nuestra baja autoestima, la sensación de que no somos dignos o de que no daremos la talla. Quizá nos hemos hecho una imagen del hombre o la mujer de Dios ideales y descubrimos que nosotros no respondemos a esas características. Sin embargo, si nos dejamos llevar por esos pensamientos, hemos olvidado dos cosas:

En primer lugar, que no hay un prototipo concreto y único de discípulo que Dios esté buscando. Por el contrario, Jesús no pudo escoger a doce hombres más diferentes entre sí, pero los usó para su gloria de maneras muy diversas. Esa es la multiforme gracia de Dios (1 P 4:10).

En segundo lugar, Dios tiene esa extraña manía, no sé por qué, de usar siempre «… lo que no es, para deshacer a lo que es» (1 Co 1:28). Mejor dicho, sí sé por qué, ya que a renglón seguido lo explica: «a fin de que nadie se jacte en su presencia» (1 Co 1:29).

Es evidente que hay muchas cosas que un discípulo tiene que aprender. Precisamente por eso Jesús lo llama, porque, en primer lugar, debe pasar tiempo con Él (Mr 3:14). No lo enviará directamente a una misión porque antes tendrá que enseñarle muchas cosas. De hecho, la transformación durará toda la vida, pero desde el primer momento exigirá una entrega absoluta que requerirá de la disposición total del que fue llamado, y no de sus habilidades.

Echa un vistazo a los doce y verás que eran bastante incompetentes. Cualquier empresario sensato que tuviera que seleccionar a doce hombres para cambiar la mentalidad del mundo entero escogería a personas mucho más preparadas y no a los que escogió personalmente el Señor luego de pasar una noche orando (Lc 6:12–14). Por lo tanto, tengamos claro en nuestra mente que Jesús no está buscando hacer un gran fichaje para su reino, todo lo contrario, nos llama para convertirnos en la mejor versión de discípulo que podríamos ser si tan solo respondemos a su llamamiento cuando lo recibimos de Él mismo. Lo que queda claro es que la procrastinación nos inhabilita y nos descalifica porque revela la naturaleza y las prioridades de nuestro corazón.

No te confundas.

Por lo tanto, quisiera animarte a responder al llamamiento de Jesús a pesar de tus propias inconsistencias. No te confundas creyendo que el discípulo de Jesús se caracteriza por manifestar una estabilidad física, emocional y espiritual en todo momento y en todos los ámbitos, como si en la vida cristiana no fueran a surgir nunca momentos complicados. No te confundas creyendo que para ser un discípulo digno de Jesús necesitas primero tener absolutamente todos los detalles de tu vida controlados y resueltos. Deja que los muertos entierren a sus muertos y tú dedícate a seguir al Maestro. Por supuesto que habrá muchas cosas que tendrán que ser solucionadas y necesitarás ver al Señor obrando muchos cambios en tu vida, pero si Él te llama… síguele. Permite que sea Él quien trabaje en tus inconsistencias a lo largo del camino. Además, eso te mantendrá humillado, recordando siempre que no eres digno, sabiendo que te falta mucho aún para la perfección, aprendiendo constantemente de tus hermanos y valorándolos como superiores a ti mismo.

Es al revés.

Quisiera recalcar una vez más que no debes engañarte pensando que tienes que ser perfecto para poder seguirle, porque esa no es la realidad del discípulo. Es al revés. Él te perfecciona cuando te llama y vienes a Él sin condiciones. Es su señorío y su maestría lo que te perfecciona. De lo contrario, insisto, el evangelio nunca nos hubiera alcanzado. Llegó hasta nosotros a través de personas imperfectas que abrazaron el llamamiento sin condiciones a pesar de sus errores. El salmista nos exhorta con las palabras: «Si oyereis hoy su voz, no endurezcáis vuestro corazón» (Sal 95:7–8). Si ahora no vamos nosotros, ¿quién irá?

Termino este capítulo trayendo a la memoria el caso de Abraham. Dios le llamó con estas palabras: «Anda delante de mí y sé perfecto» (Gn 17:1). Y creo que los cristianos a veces hemos entendido su llamado al contrario y pensamos que primero hay que ser perfecto para que Dios nos llame a caminar con Él. Es como si el Señor le hubiera dicho: «Sé perfecto para poder andar delante de mí», pero no es eso lo que Dios dijo. Es al revés. Lo que nos perfecciona es andar delante de Dios.

No postergues tu respuesta. Camina con Jesús como un discípulo redimido y permite que te transforme a diario mientras caminas con Él. Deja que los muertos entierren a sus muertos y tú dedícate a anunciar el reino de Dios. Lo único que no tenemos es tiempo. No seas un procrastinador.

CAPÍTULO 4

Enfoque

Todavía hay un tercer personaje que se acercó a Jesús y le dijo: «Estoy dispuesto a seguirte, Señor, pero permíteme que primero me despida de los míos» (Lc 9:62 BLP). Jesús le contestó: «Nadie que ponga su mano en el arado y mire atrás es apto para el reino de Dios» (Lc 9:63 BLP).

En realidad, este caso tiene mucho en común con el anterior, ya que también hay un intento de aplazar el llamamiento, aunque en esta ocasión solo es para despedirse de la familia. Pero si nos fijamos en la respuesta de Jesús, que es lo que verdaderamente nos interesa, llegamos a una conclusión distinta. Viera lo que viera en el interior de aquel hombre, el Señor pronunció una frase cargada de significado. Cualquier agricultor de la época lo entendería inmediatamente.

La cuestión es el «enfoque».

La explicación es simple: un hombre que trabaja con un arado debe hacer surcos derechos en la tierra. En nuestra época hay tractores y sistemas muy sofisticados para que los surcos no se curven, incluso se utiliza el GPS. Pero en tiempos de Jesús, si un labrador quería conseguir un surco derecho, era fundamental mirar sin distracción al frente, porque si volvía la vista atrás o la desviaba de la marca fijada delante de él, corría un serio riesgo de torcer la línea del surco. Entonces, Jesús se refería a que el que ara no puede permitirse el lujo de perder el foco y trazar surcos torcidos.

Hace años tuve la oportunidad de tomar los mandos de una avioneta en pleno vuelo. Era una avioneta pequeña y antigua en la que solamente cabían seis pasajeros. Yo estaba sentado junto al piloto y no tenía la más mínima intención de pilotar nada, pero cuando ya estábamos en pleno vuelo, de repente el capitán soltó los mandos y me dijo que me encargara de mantener la nave en ruta. Yo estaba muerto de miedo porque nunca había pilotado una avioneta, pero él me dijo que era muy sencillo y me dio un par de instrucciones. Me indicó que lo único que debía hacer era sujetar con firmeza los mandos del copiloto y mantener el avión en posición horizontal. Para ello debía escoger un punto fijo en el horizonte lejano, como un pico montañoso o algo así, y no apartar la vista nunca, ya que en el aire no hay referencias y uno puede perder la horizontalidad y desviarse muy fácilmente, incluso ladear el aparato y volar en círculos. Pero si cuidaba la referencia en el horizonte, sin desviar la mirada, sería relativamente fácil mantener el rumbo. Casi rompí la palanca por la fuerza con que me agarré a ella. Solo fueron unos minutos, afortunadamente, pero recuerdo ese episodio siempre que leo esta frase de Jesús sobre poner la mano en el arado y no mirar atrás. Se trata de la importancia del enfoque y de no permitir que nada te distraiga.

Creo sinceramente que esto es crucial para seguir a Jesús como un verdadero discípulo. La vida tiene muchas etapas y en cada una de ellas existen diversas circunstancias que tienen la capacidad de entretenernos y desviar nuestra atención del auténtico propósito que Dios tiene para nosotros. De nuevo, quisiera recalcar que no son necesariamente cosas malas. La familia es un refugio que Dios nos regala, el trabajo es una provisión de Dios, los amigos son una bendición que necesitamos, la enfermedad es una circunstancia que debemos afrontar a veces de forma inevitable. Después están las expectativas de otros, las emociones y los sentimientos, los desencuentros, los cambios inesperados. Todos esos factores forman parte de nuestra vida y es normal, pero mentiría si negara que todos ellos tienen el potencial de apartar nuestra mirada y nuestro enfoque de la verdadera misión que Jesús nos ha encomendado con su llamamiento.

¿Quién no ha puesto en pausa el llamamiento de Jesucristo en algún momento de su vida por una sorpresa de tipo emocional que le cambia el rumbo, producto de un repentino proyecto laboral o por alguna otra circunstancia absolutamente justificable? Ojo, no estoy diciendo que algo de esto sea malo, únicamente trato de poner en su justo valor la frase de Jesús cuando busca discípulos que le sigan: Él está buscando personas que no se dejen desviar nunca de su enfoque, suceda lo que suceda, venga lo que venga, y por algún motivo está de nuevo muy presente el lazo familiar, como si el vínculo del parentesco terrenal tuviera un poder especial sobre nosotros para contrarrestar la fuerza del llamamiento de Jesús.

Cabría hablar de muchos aspectos en este capítulo, pero me voy a referir concretamente al tema de la familia porque pienso que ejerce mucha presión sobre nosotros y no debe ser pasado por alto. Es posible que tú enfrentes otros elementos que también logran distraerte y que debes cuidar, pero parece como si Jesús insistiera especialmente en este aspecto particular. Veamos algunos ejemplos:

Cuando escoge a los doce y los envía a predicar dándoles instrucciones, una de las cosas que les dice es la siguiente:

> *No penséis que he venido para traer paz a la tierra; no he venido para traer paz, sino espada. Porque he venido para poner en disensión al hombre contra su padre, a la hija contra su madre, y a la nuera contra su suegra; y los enemigos del hombre serán los de su casa. El que ama a padre o madre más que a mí, no es digno de mí; el que ama a hijo o hija más que a mí, no es digno de mí.* (Mateo 10:34–37)

Cuando les habla de las señales antes del fin, les dice: «... el hermano entregará a la muerte al hermano, y el padre al hijo; y se levantarán los hijos contra los padres, y los matarán» (Mr 13:12).

Jesús mismo también sufrió en su propia carne la incomprensión de su familia más cercana: «Cuando lo oyeron los suyos, vinieron para prenderle; porque decían: Está fuera de sí» (Mr 3:21). Unos versículos más adelante leemos:

Vienen después sus hermanos y su madre, y quedándose afuera, enviaron a llamarle. Y la gente que estaba sentada alrededor de él le dijo: Tu madre y tus hermanos están afuera, y te buscan. Él les respondió diciendo: ¿Quién es mi madre y mis hermanos? Y mirando a los que estaban sentados alrededor de él, dijo: He aquí mi madre y mis hermanos.
(Marcos 3:31–34)

Mateo añade estas palabras: «Porque todo aquel que hace la voluntad de mi Padre que está en los cielos, ese es mi hermano, y hermana, y madre» (Mt 12:50).

De modo que Jesús sabía bien lo que decía cuando advirtió a sus discípulos de este peligro. Cuando la distracción vino de los suyos, dejó muy claro que las emociones y los lazos afectivos de la familia terrenal no eran superiores al llamamiento supremo y a la misión divina que le había sido encomendada. Y así se lo planteó claramente a quienes pretendieron seguirle. Esa es exactamente su respuesta al hombre que nos ocupa en este capítulo. Por difícil que nos resulte asimilarlo, la realidad es que el Maestro antepone la familia espiritual a la terrenal. Él afirma que su hermano, su hermana y su madre son más bien aquellos que hacen la voluntad del Padre.

¿Cómo podemos entender sus palabras? Desde luego, no se trata de un desprecio hacia la familia terrenal ni tampoco de una invitación a descuidar las responsabilidades familiares, pero sí es una declaración inequívoca de un orden de prioridades que todo discípulo debería tener en cuenta antes de decidir responder al llamamiento de Jesús. Finalmente, son nuestras prioridades las que definen nuestro enfoque.

Por las dudas: creo que los pastores «a la antigua» tenemos mucho que aprender en cuanto a equilibrar las cosas y no meterle tanta intensidad al ministerio. A veces llegamos hasta el punto de que descuidamos (o incluso destrozamos) a la familia, y podemos terminar nuestra carrera con un mal testimonio, deudas, un divorcio, un infarto de miocardio. Por si fuera poco, lo tratamos de espiritualizar con el argumento de que solo estábamos respondiendo al llamamiento divino. Incluso hay quien cambió de esposa argumentando que la antigua no apoyaba su ministerio. En todo esto, la pérdida de enfoque es total y el testimonio resultante es pésimo. Creo firmemente que la familia es un regalo de Dios y que la fidelidad y estabilidad en el matrimonio es un aval insustituible para un discípulo de Cristo. Conozco ejemplos muy honrosos que ilustran esta verdad.

> **Son nuestras prioridades las que definen nuestro enfoque.**

Pero también creo que existe una modalidad nueva de «discipulado *light*», que consiste en tomar las cosas de forma mucho más liviana, y donde se adapta el evangelio al estilo de vida personal, en lugar de adaptar el estilo de vida, comodidades, preferencias y prioridades al evangelio y a las exigencias del discipulado. Mucho cuidado con ese estilo de cristianismo muy popular hoy, que pretende seguir a Jesús con un enfoque diluido en formas, estilos, énfasis y *hobbies* que han robado el protagonismo a la cruz de Cristo y a la seriedad del compromiso con el discipulado. Se trata de un enfoque que se justifica al señalar los errores de otros y argumentar que uno no debe «quemarse». En mi opinión, esa actitud es simplemente caerse del caballo por el otro lado.

En resumen, existen muchas distracciones mientras seguimos a Jesús. Hay muchas voces, circunstancias y realidades que nos golpean y que están diseñadas para desviar nuestra mirada del Maestro. Es cierto que un discípulo no puede ser un alienígena que parece vivir en otro mundo y que no ve la realidad de lo que ocurre a su alrededor. Debemos ser muy conscientes de los escenarios que nos rodean, vivirlos y atenderlos como lo hizo Jesús y aun así no dejarnos desviar del enfoque espiritual al que nos llama Cristo. Eso es exactamente lo que Él pidió al Padre en oración por nosotros diciendo: «No ruego que los quites del mundo, sino que los guardes del mal» (Jn 17:15).

¿Conoces a alguien que corría bien, siguiendo el llamamiento del Maestro con todo su corazón, y en algún momento de la jornada decidió mirar atrás y desapareció del mapa? Seguro que sí.

Piénsalo.

Es un verdadero problema poner la mano en el arado y permitir después que cualquier canto de sirena logre apartar nuestra mirada de Jesús y su llamamiento. Eso nos descalifica porque confunde a otros y hace que nuestros surcos sean torcidos. Perdemos la referencia y después nos preguntamos por qué nuestra trayectoria no es lo recta que debería ser.

Peor aún es que por el hecho de que esto haya sucedido tantas veces lleguemos a creer que es normal, que así son las cosas y que el discipulado solo es para unos pocos privilegiados con una fuerza de voluntad fuera de lo común. Ese pensamiento erróneo nos lleva a concluir que no podremos compaginar nuestra vida como seres humanos con un discipulado serio, por lo que es mejor ni siquiera comenzar. Pero eso es falso. Por supuesto que necesitamos el poder sobrenatural del Espíritu Santo para obtener la victoria, pero esa es una promesa que Jesús nos hizo y puedes contar con ello porque hasta el día de hoy nunca mintió.

De lo que hemos estado hablando es de la resolución inamovible de aquel que pone su mano en el arado, la seriedad y estabilidad de su compromiso. Por eso es tan importante el enfoque. Por lo tanto, si quieres seguir a Jesús, necesitas haber decidido de antemano no mirar atrás y mantener el rumbo, venga lo que venga. Incluso con errores.

Si lo haces, puedes.

Claro que puedes.

SEGUNDA PARTE

DURANTE

INTRODUCCIÓN

El día a día

Me gustan las petunias, las conozco bien. Son flores grandes de diversos colores que resultan fáciles de plantar y de cuidar. Creo que en algunos lugares del mundo se consideran perennes, pero en Madrid son de temporada y solo florecen en primavera y verano. Con el frío se marchitan y hay que quitarlas para volver a plantar nuevas al año siguiente. Vuelven a brotar rápido. Yo lo sé bien porque tengo una pequeña carreta de madera que utilizo como macetero para plantar petunias en primavera-verano. Luego crecen y llenan la carreta de flores nuevas durante toda la temporada de calor, hasta que llega el frío y empiezan a morir.

Lo que me molesta es que tan pronto se mueren y dejo de prestar atención a la tierra porque ya no es temporada de flores, comienzan a crecer unas hierbas feísimas y desagradables que huelen mal y que me llenan la carreta de insectos indeseados. Lo peor de todo es que ni yo ni nadie de mi familia las plantó ni las autorizó a crecer en mi carreta. Acepto que en invierno no haya petunias, pero ¿quién ha invitado a estas malas hierbas?

La respuesta es obvia: nadie. Ninguna persona planta malas hierbas, nadie planta ortigas o cardos. Crecen solos. Ese es el drama. Si quieres algo bueno, tienes que plantarlo, cuidarlo y dedicarle tiempo diariamente. Pero si no plantas nada y, por lo tanto, tampoco cuidas la tierra ni le dedicas tiempo, de todos modos, saldrá algo que ni planificaste ni será placentero. Será algo silvestre, salvaje y estará tan vivo que se reproducirá rápido hasta llenar el espacio que dejaste libre. Si alguna vez de verdad quieres plantar algo, tendrás primero que mancharte las manos desarraigando todo lo que nunca plantaste y que probablemente te pinchará en clara señal de protesta. ¿Por qué está en tu campo?

Porque tú lo permitiste al no estar atento.

Moraleja: Es mejor cuidar siempre el campo. Es mejor plantar lo que quieres plantar. Aunque no sea época de flores bonitas, al menos mantén la tierra limpia, porque, de lo contrario, crecerá lo que no plantaste, será desagradable y no podrás culpar a nadie porque será culpa tuya. Es tu campo.

Cuando seguimos a Jesús sucede lo mismo. Nuestra vida espiritual es muy parecida a una planta, y también nuestro crecimiento. De hecho, el apóstol Pablo nos habla en estos términos cuando compara las virtudes resultantes de la vida espiritual con frutos y lo llama el fruto del Espíritu (Gá 5:22). Esa comparación es útil para dar por hecho todo el proceso de crecimiento y cuidado que tiene una planta desde que es sembrada en la tierra hasta que lleva fruto. Curiosamente, la vida espiritual también tiene sus temporadas, sus estaciones, sus primaveras, veranos, otoños e inviernos, tiempos de sequía y de verdor en los que debe ser igualmente cuidada.

En la primera parte hemos hablado de las intenciones. Hemos estudiado los escollos que encontraron aquellos que querían seguir a Jesús, pero nunca se decidieron a hacerlo. En esta segunda parte quisiera hablar del cuidado que debemos tener en el día a día aquellos que sí hemos respondido al llamamiento y le seguimos diariamente en el camino, pues necesitamos proporcionar a nuestra tierra una atención constante para no encontrarnos con malas hierbas que nos sorprendan y frustren porque nunca fuimos conscientes de haberlas plantado.

La primera parte hablaba del «antes».

En esta segunda parte hablaremos del «durante».

La realidad es que todos arrastramos taras de nuestro viejo yo, de nuestras experiencias o emociones, y todos tenemos una naturaleza carnal y una concupiscencia, es decir, un apetito hacia el pecado, que si le vamos dando espacio aprovechará para intentar brotar y robar espacio a la vida espiritual. Ninguno de nosotros, los que hemos respondido al llamamiento de Jesús, somos para nada perfectos, y todos tenemos mucha más capacidad innata de producir mala hierba de lo que nos gustaría reconocer. Nuestra naturaleza carnal no desaparece automáticamente por el solo hecho de ser discípulos de Cristo. Al contrario, necesitamos prestar atención cada día a nuestra «carreta» personal para limpiar la tierra, evitar que crezca lo malo y facilitar que florezca en nosotros la bendita semilla que Cristo ha plantado.

Gracias a Dios, tenemos herramientas para tratar con las malas hierbas que inevitablemente intentarán poblar nuestra tierra. Lo único que necesitamos es aplicar los remedios que Dios ya nos ha provisto. Si lo hacemos, descubriremos que nuestro «viejo yo» no tiene por qué gobernarnos más, sino que será diariamente vencido y así daremos lugar a que florezca en nosotros la nueva vida de Cristo.

CAPÍTULO 5

La Palabra

Jesús dice a los discípulos que ellos ya están limpios, no por haber presenciado milagros, ni por ser mejores que otros, ni por su gran fidelidad o capacidades, sino por la palabra que el propio Jesús les había hablado (Jn 15:3). Ese privilegio de tener acceso de primera mano a la Palabra de Dios los limpió.

Estoy convencido de que no tenemos nada más grande que la Palabra de Dios y que debemos empezar por ella. Cuando digo Palabra de Dios me refiero a la Biblia, la Escritura, la base fundamental de nuestra fe y conducta. Creo que no hay nada comparable a la Palabra de Dios y que ella es el faro que nos guía como ningún otro, la principal fuente de verdad, limpieza y equilibrio para nuestras vidas. La Palabra es la semilla que mantiene sana nuestra tierra y que combate cualquier mala hierba. Creo firmemente que, en la medida en que nos acercamos a la Palabra de Dios, nos acercamos a la verdad y, en la medida en que nos alejamos de ella, nos distanciamos de la verdad. Pablo le dice a Timoteo:

> *Te encarezco delante de Dios y del Señor Jesucristo, que juzgará a los vivos y a los muertos en su manifestación y en su reino, que prediques la palabra; que instes a tiempo y fuera de tiempo; redarguye, reprende, exhorta con toda paciencia y doctrina. Porque vendrá tiempo cuando no sufrirán la sana doctrina, sino que teniendo comezón de oír, se amontonarán maestros conforme a sus propias concupiscencias, y apartarán de la verdad el oído y se volverán a las fábulas. Pero tú sé sobrio en todo, soporta las aflicciones, haz obra de evangelista, cumple tu ministerio.*
> (2 Timoteo 4:1–5)

Aquí estamos hablando de la centralidad más absoluta de la Palabra. Si somos discípulos de Cristo, sea cual sea nuestro ministerio o la rama en la que servimos, no podemos dejar de lado el protagonismo de la bendita Palabra. ¿Qué Palabra?

La de Dios, por supuesto.

La Biblia.

Comprendo que la Biblia tiene diferentes autorías, fue escrita en diferentes épocas, es la compilación de diversos libros muy variados que finalmente fueron incluidos en un canon, etc., etc., etc. Tengo claro que también hay partes que son más alegóricas y otras más poéticas, algunas son históricas, otras narrativas y otras doctrinales. No tengo duda de que hay que interpretar correctamente la Escritura, seguir ciertas normas hermenéuticas y que es importante tener acceso a las referencias del original griego y hebreo. Todo esto lo comprendo y no es mi intención hablar de eso en este libro. Sin embargo, lo que no podemos permitirnos los cristianos es restarle la autoridad divina que le corresponde y pensar que podemos colocarla al mismo nivel que cualquier otro escrito. Es decir, no podemos adaptar la Escritura a nuestro tiempo, mentalidad, contexto, opinión o conveniencia, como si estuviéramos hablando de cualquier tema en particular que cada quien lo reescribe como mejor le parece, según su opinión, experiencia, circunstancias, sesgo político o ideológico. Al final, nadie sabrá qué es verdad y qué no.

El peligro de seguir por esos rumbos va más allá de la ofensa a Dios. Aquellos que seguimos a Jesús lo hacemos en respuesta a su llamamiento y, si no recuerdo mal, fuimos comisionados a predicar el evangelio, es decir, su Palabra, su buena noticia. Si la desconocemos o dejamos de proclamarla, caeremos en la tentación de predicar cualquier otra cosa; por ejemplo, nuestra propia palabra, nuestra propia opinión y nuestro propio punto de vista sobre las cosas. Seremos entonces meros charlatanes.

No hay mayor temeridad para nuestra tierra, y no hay mayor invitación a las malas hierbas que dejar de otorgarle a la Palabra de Dios el protagonismo más absoluto. Desde luego, existen muchos peligros, pero realmente creo que este es el mayor porque cualquier revelación espiritual, cualquier opinión, cualquier tendencia, TODO, se equilibra cuando hacemos como los de Berea (Hch 17:11), que se reunían con nobleza para examinar a la luz de la Palabra de Dios si lo que Pablo predicaba era o no verdad. Es la Palabra la que nos saca de dudas.

Jesús es la Palabra y la Palabra es Él (Jn 1.1).

Seguramente dirás que estás de acuerdo y que algo así nunca te pasaría, pero yo te aseguro que hay mil maneras de robarle la centralidad a la Palabra de Dios cuando uno tiene acceso habitual al púlpito y se acostumbra a sostener un micrófono en la mano. Es muy fácil despistarse, subir de tono y empezar a predicar solo convicciones y opiniones personales. Lo he visto muchas veces y yo mismo he sido víctima de este error. No quiero decir que lo he tenido que sufrir en otros, estoy reconociendo que yo también he cometido ese gravísimo error. Yo mismo he pedido perdón a Dios después de predicar y luego repasar y volver a escuchar mi propio sermón. En más de una oportunidad he tenido que reconocer que lo que dije no era correcto y que me estaba extralimitando, sacando provecho de la exposición pública que Dios me ha dado.

Creo que cuando nos equivocamos lo más honesto es reconocerlo. Nadie puede exigirnos perfección, pero sí transparencia. Por lo tanto, necesitamos examinarnos siempre y recordar que nuestra primera responsabilidad al predicar es ser fieles a la Palabra de Dios. Solo somos mensajeros. Aspirar a ser algo más es olvidar el llamado específico de nuestro rol. Esto es verdad no solo para los predicadores de púlpito, sino para cualquier cristiano. Y lo digo porque es posible que estés frotándote las manos pensando en algún predicador a quien podrías acusar de este error, pero la pregunta es para ti. Háblame de ti, hermano, ¿qué haces tú con la misión que te fue entregada? ¿Realmente estás permitiendo que Dios utilice tu vida para iluminar a otros con el mensaje de la Palabra de Dios o estás utilizando el mensaje como pretexto para que el foco quede sobre ti?

La encomienda es predicar el evangelio de Jesucristo a tiempo y fuera de tiempo, como le decía Pablo a Timoteo (2 Ti 4:2). ¿Cuándo es ese tiempo? Siempre que predicamos. Cuando guste y cuando no guste. Cuando la audiencia lo apruebe o cuando no, cuando lo aplaudan o cuando abucheen. Puede que otro mensaje les agrade más, pero lo que no hará es salvarles, porque solo el evangelio salva.

Solo el evangelio salva.

¿Podríamos acaso hacer otra cosa? La respuesta es sí. Estos errores nos pueden suceder más rápido de lo que pensamos y son precisamente los que llenan nuestro campo de malas hierbas. Tan pronto nos apartamos de la predicación de la Palabra, brotan tallos extraños. ¿Cómo es posible, por ejemplo, que se prediquen mensajes políticos desde púlpitos eclesiales? Pues sucede con más frecuencia de la que parece. No niego que existen mensajes políticos más afines que otros a ciertas verdades bíblicas, pero no son ni de lejos la predicación de la Palabra de Dios. Esa no es nuestra batalla y nunca lo fue. Creo que deberíamos ser muy rigurosos con este tema, sobre todo cuando hablamos desde el púlpito.

Recuerdo un culto de oración en nuestra iglesia en el que orábamos por la paz en cierto conflicto bélico. Varios hermanos oraron pidiendo la misericordia de Dios sobre estos países y cordura en los líderes para que hubiera reconciliación y cesaran las hostilidades. Un hermano levantó su voz y su plegaria comenzó a convertirse en un discurso político que tomaba partido por uno de los dos bandos. Ya no parecía una oración a Dios, sino una disertación partidista en un parlamento. Tuve que intervenir para recordarle que estábamos orando por la paz, no demonizando a unos o a otros. Lo peor era que otras personas de la congregación tenían una opinión totalmente contraria a la posición expresada por este hermano en su oración y el ambiente se hizo incómodo y extraño. No es la única vez que he vivido algo así.

Es muy importante recordar y entender que no fuimos enviados a predicar contra nadie, sino a proclamar el glorioso evangelio de Jesucristo, la «Palabra fiel y digna de ser recibida por todos, que Cristo Jesús vino al mundo a salvar a los pecadores, de los cuales yo soy el primero» (1 Ti 1:15).

También caemos con mucha facilidad al llenar nuestras intervenciones de remedios estratégicos o prácticas concretas que convertimos en principios. Sea obra social, guerra espiritual, sistema de células o grupos hogareños, todas estas iniciativas pueden encontrar su lugar y desarrollarse bien en el marco de la iglesia y dar excelentes resultados, pero cuánto cuidado debemos tener para no quedarnos con meras estrategias en lugar de predicar la Palabra gloriosa de Dios. Al final corremos el riesgo de predicar una forma de hacer las cosas como camino a la salvación en lugar de predicar a «Jesucristo, y a este crucificado» (1 Co 2:2).

Tengo que reconocer que para mí la idea presentada por el pastor Rick Warren (a quien no conozco) en su libro *Una vida con propósito*, que se centra en cinco propósitos que resumen el Gran Mandamiento y la Gran Comisión, es una plantilla imaginaria que me sirve de recordatorio constante y de medidor para examinar si estoy haciendo lo que Cristo me comisionó. Me pregunto con frecuencia: ¿Estamos cumpliendo la Gran Comisión y el Gran Mandamiento? Cristo no nos envió a otra cosa. Si lo que hacemos contribuye a lo que Cristo nos comisionó, bienvenido sea, pero si no contribuye, ¿para qué vamos a hacerlo? Seguro que hay alguien que ya se dedica a ello y lo hará mejor que nosotros. De todos modos, no fuimos enviados a esas tareas.

La Gran Comisión y el Gran Mandamiento.
Cristo no nos envió a otra cosa.

Un poco de mi propia experiencia: cuando mi padre enfermó, comencé a pastorear de manera repentina e inesperada la iglesia en la que él había sido el pastor principal. De este modo me vi entrando en las labores de otros (Jn 4:38). En aquellos años, más de una vez me preguntaron sobre mi estrategia de pastorado. Se me requería que dijera cuál era mi plan a diez años. Yo quería que me tragara la tierra porque, sinceramente, no tenía la respuesta. No tenía estrategia, no tenía muchos planes, no me atrevía a cambiar ciertas cosas, tenía más temores que sueños y solo puedo decir una cosa: me aferré a la Biblia y comencé a predicar domingo a domingo la Palabra de Dios, libro por libro; lo que entendía y lo que pensé que era mi cometido. Tampoco lo hacía con un gran despliegue de conocimiento, simplemente leía la Palabra y declaraba lo que entendía en ese momento, mientras le pedía a Dios que me iluminara y guiara a la hora de exponerla. Si alguien me preguntase hoy cómo creció la iglesia en estos últimos treinta años, tendría que decir que no lo sé. Fue la pura gracia de Dios y lo único que yo hice fue predicar la Palabra. Estoy convencido además de que ni siquiera la prediqué del todo bien, ya que nunca he sido un gran teólogo ni un gran conocedor de las misteriosas profundidades doctrinales. Pero sí he sabido siempre que Jesús es mi Salvador y que el evangelio es la proclamación de la salvación por gracia por medio de la fe.

Después de predicar la Palabra con sinceridad y fidelidad, Dios trajo estrategias y levantó personas clave para llevar a cabo las cosas que yo nunca hubiera podido. Hasta el día de hoy es así. Dios se encarga de traer a la gente. Hoy tenemos programa de niños, jóvenes, mujeres, matrimonios, actos evangelísticos, un programa y un equipo de conexión que vela para que las personas que se entregan a Jesucristo no se vayan por la puerta de atrás sin ser discipulados, tenemos grupos de hogar, equipos de audiovisuales y de recepción y acomodo. Tengo que reconocer que no conozco bien cómo todo eso funciona. Lo que en realidad nos distinguió fue la predicación de la Palabra y Dios hizo el resto a través de personas muy capaces a las que fue trayendo a nosotros.

He cometido y seguiré cometiendo muchos errores, uno va aprendiendo a distinguir qué cosas funcionan mejor y peor, pero lo que no podemos hacer es prescindir de la centralidad de la Palabra de Dios. Si perdemos ese enfoque, estamos perdidos y entonces sí que sería mejor que nos dedicáramos a otra cosa. Esto es lo que Pablo le dice a su discípulo:

Procura con diligencia presentarte a Dios aprobado, como obrero que no tiene de qué avergonzarse, que usa bien la palabra de verdad. (2 Timoteo 2:15)

En el próximo capítulo quisiera hablar de las implicaciones que tiene poner la Palabra de Dios en el centro. Pero por ahora enfaticemos lo siguiente:

- La importancia del protagonismo de la Biblia.
- Volver siempre a la Palabra.
- Arraigarnos y fundamentarnos en las Escrituras.
- Negarnos a edificar si no es sobre la Palabra o si en nuestro caminar nos alejamos de sus principios.

Si puedes detenerte, examinarte y decidir introducir los cambios necesarios, cueste lo que cueste, para que desde ahora en adelante los focos estén sobre la Palabra de Dios en lugar de estar sobre cualquier otra cosa, actividad o persona, entonces puedes corregir el rumbo y enderezar el surco. A lo mejor descubres que necesitas limpiar todo el campo y comenzar de nuevo. Aun así, valdrá la pena.

¿Quieres ser sano?

Puedes hacerlo.

CAPÍTULO 6

Dos consecuencias

Cuando se afirma algo o cuando se toma una decisión, siempre es más de lo que parece. No se trata solo de lo que uno dice o decide en un momento, sino de las implicaciones que tendrá. ¿Qué consecuencias trae lo que acabo de decir o decidir? De dos de ellas quisiera hablar en este capítulo. Lo que hablaremos será una continuación directa del capítulo anterior y permaneceremos sobre el mismo tema:

Si la Palabra de Dios realmente se convierte en la estrella que más brilla en mi universo ¿en qué debería notarse y qué significaría en la práctica?

Para dar una respuesta ordenada y sencilla a la pregunta voy a dividir este capítulo en dos grandes temas que me parecen los más importantes: Jesús y el pecado. Puede sonar un tanto extraño, pero estoy convencido de que al final todas las implicaciones se resumen en estos dos temas.

EL PECADO

Comienzo con el pecado porque, en definitiva, es nuestro mayor problema, aquello que nos separa de Dios. Jesús es la solución y por eso lo dejo a Él para el final.

El pecado no solo separa a la humanidad de Dios, una realidad evidente, sino que lo hace en cada uno de nosotros, incluidos los discípulos de Cristo que tratamos de seguirle lo más fielmente posible. Nos topamos a diario con las dificultades que traemos por dentro, nuestros propios gigantes que creíamos superados y que de repente se vuelven a levantar para recordarnos que siguen ahí y que nuestra vieja naturaleza es real y necesita ser doblegada cada día. De hecho, cuando hablo de pecado hablo de mi pecado y del nuestro, no del pecado del mundo. Hablo de los que seguimos al Maestro y de la suciedad que traemos por dentro, no me estoy refiriendo a los «no creyentes» que están afuera.

Podríamos dar mil nombres, cada uno conoce su propia concupiscencia. Ya sean actos tan claramente reconocibles como los celos, las envidias, la lujuria o el orgullo, o sean otro tipo de cosas como la ansiedad, los complejos, los miedos, el afán... sea lo que sea, al final, si lo rastreamos todo hasta su origen, llegamos a un punto en donde nos encontramos inevitablemente con nuestra vieja naturaleza carnal, el problema del Pecado con P mayúscula. Eso es a lo que Pablo se refiere cuando menciona «el pecado que mora en mí» (Ro 7:17, 20).

Los que seguimos a Jesús solemos impedir que se vean estas cosas claramente como «pecado». Se muestran, más bien, como pequeños hierbajos silvestres que brotaron por ahí y que, aunque están en nosotros, los controlamos y siempre los podemos justificar, minimizar y hasta encubrir con flores bonitas para que queden ocultos a los ojos de los demás. Pero el problema no es que salgan hierbas silvestres en tu carreta, sino que les restes importancia, te limites a cubrirlas y no te tomes el tiempo de desarraigarlas por completo. Si no son extirpadas de raíz, seguirán creciendo y será cada vez más difícil esconderlas. Si prefieres cubrirlas a desarraigarlas, tienes un problema y deberías revisar cuál es tu motivación al seguir a Jesús. ¿Vas en serio o solo estás interesado en tu imagen? Como decimos en España, deberías «hacértelo mirar».

En el fondo está el pecado. Siempre es el pecado. Pero no un pecado en concreto, sino el «pecado que mora en mí». Solo la sangre de Jesús me limpia del pecado cometido, pero lo que me libera del pecado que mora en mí es el poder regenerador del nuevo nacimiento, la obra del Espíritu Santo en mí y la verdad que está contenida en la Palabra de Dios. Su Palabra es la verdad y Jesús dijo que la verdad de la Palabra es liberadora.

Si vosotros permaneciereis en mi palabra, seréis verdaderamente mis discípulos; y conoceréis la verdad, y la verdad os hará libres. (Juan 8:31–32)

Por lo tanto, solo la Palabra de Dios puede liberarnos del poder del pecado. Ahora puedes darte cuenta de por qué sí es importante que ocupe un lugar central en nuestras vidas. No hay libertad del pecado sin la Palabra de Dios. Entonces, no hay mayor error que ignorar, silenciar, adaptar o modificar el contenido de la Palabra de Dios. Tampoco podemos sustituirla por otro tipo de recursos o terapias, ya sean de índole espiritual, emocional o de estrategia que ofrezcan la posibilidad de hacernos sentir mejor con nosotros mismos, más en conexión con Dios o más centrados en el éxito de nuestra labor ministerial.

Cuando hacemos los cambios mencionados anteriormente suceden dos cosas: primero, la Palabra de Dios queda relegada a un plano secundario, es minimizada y degradada a un rol parecido al de un libro de texto que contiene historias y principios interesantes, y olvidamos que es el poder liberador de Dios. Y segundo, somos víctimas de un engaño diabólico y, por estar engañados, desviamos de la verdad a aquellos a quienes pretendemos guiar. No es extraño que al final el golpe sea duro y la frustración sea grande.

No creas que estoy hablando de algo inusual. Por el contrario, hacemos esto constantemente, sin darnos cuenta, y permitimos que ciertos hierbajos broten en nuestra tierra y convivimos con ellos, autoconvenciéndonos de que es normal, que somos así, que vivimos un tiempo en el que tampoco podemos ser tan drásticos. Tenemos ese tipo de razonamiento cuando tratamos de amoldar a estos tiempos lo que la Palabra de Dios dice de manera categórica con respecto al pecado.

Y recuerda, hablamos del «pecado que mora en mí».

No estamos hablando de que este mundo se corrompe con la ideología de género y de que el pecado de la humanidad ha llegado a unos límites en que el aborto y la eutanasia ya son normales en nuestra sociedad. Estoy de acuerdo con esa evaluación, pero no me estoy dirigiendo a los impíos ahora mismo, ya hablaremos de ellos. Estoy hablando a los que pretenden seguir a Jesús como discípulos día a día, porque «es tiempo de que el juicio comience por la casa de Dios» (1 P 4:17).

Si de cualquier manera justificamos, normalizamos, culturizamos o tapamos «el pecado que mora en mí», necesitamos con urgencia redescubrir la necesidad de poner la Palabra de Dios en el centro porque es evidente que no lo estamos haciendo. Nuestra falta de carácter cristiano, orgullo, concupiscencia, miedos, nuestra reticencia a servir a los demás sin esperar nada a cambio, todo ello es el resultado normal de nuestra vieja naturaleza, son nuestros propios gigantes que están presentes, siguen con nosotros y entre nosotros.

Nada de lo que he mencionado nos descalifica como discípulos de Cristo, pero lo que sí puede hacerlo es el intento de negarlo, ocultarlo o minimizarlo, la manía de mirar hacia otro lado y seguir conviviendo con esa realidad, en lugar de llevarlo cautivo a la obediencia a Cristo (2 Co 10:5) y experimentar una verdadera liberación interior. Además, esa actitud nos inhabilita y de algún modo nos paraliza porque, en realidad, aunque en nuestro pensamiento estemos de acuerdo con lo que Cristo dice, nuestra vida contradice lo que predicamos y, tarde o temprano, necesitaremos cambiar el discurso para justificar nuestra manera de vivir. En ese momento ya seremos esclavos de nosotros mismos, de nuestra propia naturaleza, porque hemos «[cambiado] la verdad de Dios por la mentira» (Ro 1:25).

Si abandonamos la obediencia sincera a la Palabra de Dios, sobreviviremos con sustitutos de la Palabra, técnicas, terapias o cualquier otra cosa, engañándonos a nosotros mismos y a los que nos siguen, a veces con toda la buena intención, pero con un resultado cuestionable y, sobre todo, con frustración y mala conciencia. Puede que Dios, por un tiempo y por su sola misericordia y amor a sus escogidos, permita que continuemos adelante y bendiga a su pueblo a través de nosotros. Al fin y al cabo, Él sabe que está utilizando vasos imperfectos que le sirven como pueden y como saben. Pero lo cierto es que solo cuando volvamos a darle a la Palabra de Dios el lugar central, superior y prioritario en todas las facetas de nuestra vida, seremos verdaderamente libres. Mientras no lo hagamos, seguiremos siendo cautivos.

La importancia de este punto es tal que podemos, fíjate bien, continuar predicando una cosa y haciendo otra con cierto grado de éxito, pero nosotros mismos no seremos libres. Incluso se puede dar el respaldo de Dios en los resultados, porque la gracia de Dios y su amor cubren muchos errores que cometemos y, por supuesto, Dios podría respaldar a sus siervos aunque se hayan equivocado puntualmente. Sin embargo, a la larga, la vida de un discípulo que no es coherente en su práctica diaria con las enseñanzas del Maestro no influenciará ni convencerá a nadie porque terminará perdiendo relevancia y efectividad. Llegará a ser como aquellos fariseos sobre los cuales Jesús advirtió a la gente, para que hicieran lo que enseñaban, pero no lo que hacían (Mt 23:3).

Si somos esa clase de personas, tarde o temprano traeremos algún tipo de vituperio a la cruz de Cristo. Tarde o temprano, el hierbajo asomará por algún lado. Ese momento es terrible, sobre todo, si tienes temor de Dios y si tu discipulado pretendía ser serio. Es horrible descubrir que en algún momento del camino comenzaste a edificar sobre fundamento inestable. Creíste que era la Palabra de Dios, pero en realidad eran tus sensaciones, opiniones o decisiones basadas en experiencias pasadas, el temor a la reacción de otros, el temor a personas poderosas o simplemente el placer oculto o el orgullo.

La buena noticia es que todo esto tiene remedio. Dios conoce nuestros corazones y sigue abrazándonos y curando nuestras heridas. Nos conoce de ida y vuelta y aun así sigue amándonos y recogiéndonos cuando regresamos a Él con la nariz rota y sangrante. Me encanta cómo lo expresa Pablo:

Porque si siendo enemigos, fuimos reconciliados con Dios por la muerte de su Hijo, mucho más, estando reconciliados, seremos salvos por su vida.
(Romanos 5:10)

El remedio es la Palabra de Dios, no hay otro camino. Quisiera recalcar que a los discípulos de Cristo no nos inhabilita que a lo largo de la jornada broten malas hierbas que manifiestan nuestra vieja naturaleza. Lo que nos inhabilita es que nos neguemos a desarraigarlas y las ocultemos, normalicemos o minimicemos. El desarraigo es la única solución y para ello es necesario el poder de la Palabra de Dios. Por eso, si decidimos que la Palabra de Dios sea central en nuestras vidas, la primera implicación tiene que ver con nuestro propio concepto del «pecado que mora en mí» (no en los demás). Será la Palabra de Dios la que defina y categorice si lo que hay en mí es pecado o no. Será ella la que determine si esa hierba debe ser o no desarraigada. Nunca más lo harán mi propio concepto, mi entorno, el consenso social o la opinión de otros. Y será el poder de la Palabra lo que me limpie y lo que inicie un proceso constante de transformación en mí, que durará toda la vida. Esto se convertirá en prioritario.

El remedio es la Palabra de Dios,
no hay otro camino.

Jesús

La otra consecuencia tiene que ver con la persona de Jesús y está íntimamente ligada a la primera, pero ahora se enfoca hacia fuera. Jesús es la Palabra hecha carne, es decir, Él es la Palabra en persona y, por lo tanto, Jesús es el remedio para el pecado que mora en mí. Si la Palabra se convierte en el centro de mi vida, mi concepto del pecado que mora en mí se verá alterado. Pero lo que también estoy diciendo es que no habrá nada más importante para mí que la persona de Jesús. Si la Palabra es mi nuevo centro, descubro también en Jesús mi centro. Jesús es la personificación de todo lo que necesito saber de Dios, el modelo más alto al que aspiro, la imagen que el Espíritu Santo está forjando en mí. Se trata de ser como Él y en cualquier circunstancia Él es la referencia.

Él es la referencia.

Si Él es la referencia para mi vida, si me ha salvado, redimido, perdonado, justificado, liberado y restaurado, entonces eso es exactamente lo mismo que puede hacer en otros. Por lo tanto, a la hora de evangelizar ¿habrá otro tema más importante para compartir a este mundo que Él? ¿Habrá algo más relevante para mí que el cumplimiento de la Gran Comisión (el mensaje de Jesús)? ¿Hay algo más prioritario que hablar de Jesús a otros y lograr de algún modo que tengan un encuentro individual y personal con Él?

Se supone que Jesús se encargará de hacer en ellos lo mismo que hizo en mí. Por lo tanto, mi labor no será juzgar, intentar cambiar, ni producir en nadie lo que Jesús produjo en mí. Me toca solo presentar a Jesús, brillar por Él, acercar a otros a Jesús y mostrarles el camino de modo que le conozcan personalmente. Es evidente que yo no puedo hacerlos nacer de nuevo, esa no es mi labor, es la responsabilidad de Jesús. Yo solo puedo llevarlos hasta Él o llevar a Jesús hasta ellos. ¿Qué hay de nuevo en esto? Nada y todo. Espero poder explicarme.

No pretendo tirar por tierra todas las iniciativas que llevamos a cabo como pastores y congregaciones locales. No es mi intención restar importancia a los programas, actividades, liturgias, iniciativas sociales, relacionales y espirituales y demás elementos que forman parte del ministerio de las iglesias. Lo que intento mostrar es cómo la figura de

Jesús cobra una relevancia inevitable en la medida en que la Palabra de Dios comienza a ocupar el lugar estelar en nuestras vidas y congregaciones. La consecuencia para las iglesias será que toda su programación se verá afectada y habrá cosas que tendrán que pasar a un segundo, tercer o cuarto plano, o incluso desaparecer, en función de si contribuyen o no a engrandecer la figura de Jesús, el único al que queremos levantar en alto de modo que todos sean atraídos a Él (Jn 12:32).

Como individuos nos sucederá exactamente lo mismo. Habrá cosas en nuestra agenda y prioridades que pasarán a un plano secundario o desaparecerán, porque lo más importante será brillar por Jesús. Nuestra labor como mensajeros también sufrirá cambios porque comprenderemos que nuestro papel se limita a presentar y reflejar a Jesús, no a cambiar, juzgar o presionar a nadie. Esas son consecuencias directas y visibles cuando de verdad situamos a Jesús en el centro.

Situamos a Jesús en el centro.

Cuando Jesús es el centro, inevitablemente comenzamos a estudiar su vida y quedamos fascinados por su personalidad y sus prioridades. De hecho, estoy convencido de que no podemos hacer nada de auténtico valor espiritual, absolutamente nada, que no nazca de un corazón profundamente enamorado de Jesús. Pero eso conlleva implicaciones. Cuando la realidad de la salvación y el sacrificio en la cruz por nosotros nos conquista, de repente no hay nada más importante que vivir por y para Jesucristo. Lo primero que descubrimos es su gracia, todo lo que recibimos de Él sin merecerlo. Eso nos humilla, nos hace eternamente agradecidos, pero, al mismo tiempo, condiciona nuestro acercamiento a los demás. Comienzan las consecuencias. De pronto resulta imposible agarrar por el cuello al compañero y exigirle que nos devuelva lo que nos debe (Mt 18.28) porque somos conscientes de la cantidad impagable de deuda ante Dios que nos fue perdonada por gracia. Nos sentimos tan bien tratados por Jesús que no podemos comportarnos de una forma diferente hacia nuestros semejantes. Es el milagro de la gracia. No tenemos ojos para los pecados ajenos, bastante tenemos con «el pecado que mora en mí».

Claro, surge una cuestión no pequeña. La gracia se acerca al pecador con amor, cariño y perdón, pero ¿no es esta una forma de contaminarnos y justificar al que peca?, ¿no puede el pecador malentender mi acercamiento y pensar que estoy avalando su pecado?, ¿no estoy fallando en mi cumplimiento de la Gran Comisión si hago esto?

De nuevo, la respuesta es Jesús mismo. ¿Cómo lo hizo Él? Los religiosos le acusaron constantemente de tener demasiado contacto con los impíos, hasta el punto de que le llamaban «amigo de pecadores» (Lc 7:34). Pero Jesús nunca participó de sus pecados (Jn 8:46), tampoco mantuvo silencio ni fue su cómplice (Jn 8:11). Por lo tanto, podemos plantearnos estas preguntas:

¿Hasta qué punto la gracia de Jesús se convierte en un aval para el pecador?

¿Hasta qué punto mi acercamiento amoroso a los pecadores me convierte en partícipe de su pecado?

¿No debería acercarme a ellos únicamente para predicarles acerca del arrepentimiento, del juicio de Dios y apartarme de ellos para el resto?

Si te estás haciendo esas preguntas, entonces es Jesús mismo quien puede dar la respuesta porque Él nos dio el ejemplo. Y este ejemplo consistió en amarlos, participar en sus fiestas, comer con ellos (en ocasiones autoinvitándose) y alegrarse con ellos, pero sin dejar de establecer al mismo tiempo un límite clarísimo en cuanto al pecado. Lo que nunca hizo fue esconderse detrás del mensaje para evitar la proximidad… eso ya lo hacían los fariseos. Su acercamiento era genuino, lleno de amor puro que se expresó allí mismo donde estaban y sin exigirles un cambio previo. Solo cuando estuvo cerca, cuando le aceptaron en su círculo, cuando tuvo la cercanía necesaria para poder llegar hasta su corazón sin gritar, les habló del pecado.

Situamos a Jesús como nuestro ejemplo.

Por lo tanto, siguiendo su ejemplo podemos comprender que la Gran Comisión consiste en acercarse al pecador y conseguir presentarle a Jesucristo. El resto es SU trabajo. Si me transformó a mí, también puede transformar a otros. Pero si no me acerco, ¿cómo les presentaré a Cristo? Si me mantengo al margen y mi único contacto es desde lejos, ¿cómo pretendo que conozcan a Jesús?

¿Significa esto que tengo que tratar de introducirme en sus círculos? Sí. Exactamente. ¿No es eso lo que hizo Jesús con nosotros: introducirse en nuestro círculo? ¿No dejó Él su grandeza y se despojó a sí mismo para hacerse como nosotros (Fil 2:5–11)?

No creo que este llamado implique convertirnos en drogadictos, prostitutas, mentirosos o adoptar conductas pecaminosas. Cristo no hizo eso. Bastaría simplemente con volver a poner en el centro a Jesús y no nuestras opiniones, juicios, doctrinas, presuposiciones o formas socialmente correctas.

Simplemente es Jesús.

Su gracia. Su persona.

Su amor. Sus maneras.

¿Qué tal si en lugar de entender el cristianismo como una comunidad de gente que practica cierto tipo de cosas distintas al mundo, lo entendiéramos como una comunidad de gente que se acerca a la humanidad como lo hizo Jesús, interesándose sinceramente por ellos, sus necesidades, ofreciéndose para ser amigos, mostrando un amor desinteresado y sin expectativas de nada a cambio, solo esperando la oportunidad para presentarles a aquel que realmente puede transformarles?

Tenemos que ser honestos y reconocer que tal y como funcionamos hoy en día la mayoría de las iglesias locales, difícilmente podríamos tener ese impacto. Creo que andamos más ocupados con nuestros programas, edificios, eventos y experiencias. Tendemos a ser un círculo tan cerrado que cuesta creer que pudiera entrar alguien de fuera. A veces tengo la sensación de que, en lugar de facilitar la entrada a los perdidos, más bien obstaculizamos e impedimos que los extraños se acerquen a Jesús, tal como lo hicieron los discípulos cuando las madres intentaban inocentemente que el Maestro bendijera a sus niños (Mr 10:13). Pareciera que lo más importante es que no nos molesten porque estamos celebrando nuestro culto. La consecuencia de poner la Palabra de Dios en el centro sería hacernos cambiar esta actitud equivocada de forma radical.

Y no quisiera cerrar el capítulo sin mencionar otro tipo de desviación que nos aleja de nuestro llamamiento. Por supuesto, poner la Palabra de Dios en el centro nos obliga a estudiarla más y mejor, a conocer más acerca de ella, a indagar en sus profundidades, a formarnos con seriedad y a interesarnos por temas como la eclesiología, la cristología o la hermenéutica. Sin embargo, debemos tener mucho cuidado con nuestras búsquedas de conocimiento, porque Jesús tampoco nos llamó a una escuela teológica. Todo tiene su lugar, pero el verdadero discipulado no implica recibir un título académico. Sin duda, la enseñanza produce mucho bien, pero también es cierto que parece haberse esparcido entre nosotros una fiebre por los títulos que nos ha llevado a desviar el enfoque del discipulado hacia el conocimiento. Es como si nos invadiera un nuevo intelectualismo evangélico. Cuesta trabajo conseguir que la predicación gire en torno a Jesús y solo en torno a Él y a su obra redentora, que es lo que realmente salva.

La iglesia primitiva también luchó contra el gnosticismo, esa búsqueda de un conocimiento subjetivo, místico, sensitivo y misterioso tan alejado del evangelio. Lo menciono porque ya era un mal en la iglesia primitiva y actualmente creo que se repite la historia, en el sentido de que muchos se sienten más autorizados, más cristianos o más espirituales por cuántas más teorías conocen o cuántos más conocimientos apocalípticos tienen. No conozco lo que pasa en toda América Latina, pero en España hay muchísima gente que no se inscribe a una escuela bíblica porque quieran formarse para servir mejor a Jesucristo en el campo de misión, sino porque quieren «conocer» más, tener más conocimientos teológicos, como si solo ese conocimiento les proporcionara un estatus espiritual superior. En muchos casos se trata de un conocimiento sin un mayor componente práctico para la vida, solo algo místico muy discutible (literalmente como aquel gnosticismo).

Estamos tan divididos con tanta parafernalia denominacional producto de divisiones por cuestiones doctrinales que me pregunto cómo se acercará alguien a nosotros o cómo nos acercaremos a los que son diferentes. Percibo que nos hemos engañado diciéndonos que para ser realmente cristiano hay que ser calvinista o arminiano, o pentecostal, bautista, metodista, presbiteriano, hermano libre, adventista, anglicano, luterano, reformado, episcopal...

con permiso:
¿Podríamos dejar de enfocarnos en los énfasis de cada uno y volver a enfocarnos en Jesús y en su evangelio?
Si quieres...
¡claro que puedes!

He presentado dos consecuencias fundamentales si tenemos la Palabra y a Jesús en el centro: una es hacia dentro y otra es hacia fuera. Una tiene que ver conmigo y la otra con los demás. Una afecta a mi concepto del pecado que mora en mí y la otra afecta a la relación con mis semejantes. En otras palabras, cuando ponemos la Palabra de Dios en el centro suceden dos cosas irremediables: nos volvemos menos tolerantes con nuestra propia naturaleza pecaminosa y nos volvemos más misericordiosos y cercanos con los demás, especialmente con los que no conocen a Jesús.

Seríamos una iglesia diferente
si la Palabra de Dios volviera a ser el centro.

CAPÍTULO 7

El fuego

Cuando el Espíritu Santo descendió en el día de Pentecostés «se les aparecieron lenguas repartidas, como de fuego, asentándose sobre cada uno de ellos» (Hch 2:3). No es la primera vez que la Biblia relaciona al Espíritu Santo con el fuego (Mt 3:11; Lc 3:16). Cuando Jesús prometió enviar al Espíritu Santo dijo: «Pero cuando venga el Espíritu de verdad, él os guiará a toda la verdad; porque no hablará por su propia cuenta, sino que hablará todo lo que oyere, y os hará saber las cosas que habrán de venir» (Jn 16:13). En otras palabras, lo que Jesús está diciendo es que, una vez que Él ascendiera al cielo, el Espíritu Santo vendría para operar desde dentro de los creyentes como un fuego que aviva la Palabra de Dios en los corazones y que los guiaría a la verdad. Pentecostés fue el cumplimiento de aquella promesa.

El Espíritu Santo es el fuego.

El apóstol Pablo, al escribirle a los corintios sobre el nuevo pacto de Dios con su pueblo, menciona una frase muy significativa: «la letra mata, mas el Espíritu vivifica» (2 Co 3:6). Lo que quiso decir es que el pacto antiguo estaba fundamentado sobre palabras impresas en piedra o en un pergamino, mientras que durante el nuevo pacto el Espíritu Santo grabaría la Palabra de Dios de forma permanente en el corazón y en la mente de los creyentes. Ahora ya no tendrían que obedecer a una ley escrita y memorizada, sino que estaría grabada en su interior por el fuego del Espíritu Santo.

Dicho de otro modo, Dios tenía claro que la Palabra de Dios tendría que ocupar el centro de nuestras vidas para ser verdaderos discípulos de Jesús. Por consiguiente, haría falta la obra del Espíritu Santo para grabarla de forma permanente en nuestro corazón, como por fuego, y también para vivificarla y que arda en el corazón a diario. No existe otra manera ni otra opción.

El nuevo pacto no es posible sin la obra regeneradora, transformadora y santificadora del Espíritu Santo. Él es el fuego que nos capacita y que mantiene viva la llama en los creyentes. Sin Él, solo tenemos letra muerta y una lista de obligaciones imposibles de cumplir. Pero con Él, esa letra es vivificada en nuestro corazón y somos capacitados sobrenaturalmente para el cambio que Dios quiere producir en nosotros. Por supuesto, esto sucede de forma milagrosa, no es algo que nosotros podamos fabricar, sino que Dios lo regala a todo aquel que cree en Jesús y le reconoce como su Salvador personal y como Señor de su vida.

A veces, el relato de lo ocurrido en Pentecostés, así como otros testimonios más cercanos de personas que testifican haber experimentado el poder del Espíritu Santo de forma explosiva en sus vidas con milagros, hablando lenguas no aprendidas, con caídas, «borrachera espiritual» y otras manifestaciones, nos han llevado a suponer que el fuego del Espíritu Santo solo está presente cuando experimentamos este tipo de manifestaciones, por lo que asociamos al Espíritu Santo con sensaciones sobrenaturales o milagros prodigiosos. Pero el fuego del Espíritu es mucho más que una manifestación visible. De hecho, el Espíritu Santo es una persona, es Dios, y quien lo experimenta puede expresarse ruidosamente o permanecer en silencio. Aun así, el fuego es real, sucede en el interior y es independiente de cualquier manifestación visible. Su mayor objetivo no es llamar la atención de los demás con grandes aspavientos, sino proveer al creyente de poder para vivir la vida cristiana, avivar la Palabra de Dios en su interior y convertirla en una fuerza que se opone desde dentro a su propia naturaleza carnal, capacitándolo para hacerla morir diariamente y vivir para Cristo. Ese es el milagro del nuevo nacimiento. De pronto hay en mí una naturaleza nueva que se muestra contraria a la vieja y tengo la opción de vivir de forma diferente. Antes no tenía esa opción. Estaba muerto en mis delitos y pecados y ni siquiera podía luchar contra mis tendencias naturales. Pero ahora hay otra vida en mí y eso produce una guerra constante en mi interior. Fuego.

Esto es tan real que en los tiempos del Nuevo Testamento los cristianos arriesgaban la vida por el evangelio. De hecho, la función del Espíritu Santo no era impresionar a nadie, sino proveer poder para ser testigos (Hch 1:8). La palabra griega para «dar testimonio» es *martureo*, y para «testigo» es *martus*, de donde viene la palabra «mártir». Muchos cristianos llegaron a ser mártires, pero no por terquedad ni por rebeldía, ni siquiera por valentía, sino por el fuego que ardía en ellos y que los llevaba a jugarse la vida sin miramientos con tal de ser fieles a su Señor. Tal era el fuego. No nos engañemos, esto no sucedió solo en los tiempos del Nuevo Testamento. Mientras yo escribo y tú lees, hay personas en pleno siglo XXI que se juegan la vida por el evangelio y saben que por ser cristianos están en peligro de padecer persecución, martirio y hasta la misma muerte. Aun así, viven la vida cristiana, no por estupidez, sino por el fuego que arde en ellos. Les pregunto, si eso es cristianismo auténtico, ¿cómo se llama el juego que nos traemos aquí en occidente?

Testigos = mártires.

Lo que quiero decir es que para ser auténticos discípulos de Cristo dependemos absolutamente del Espíritu Santo, el fuego de Dios, del mismo modo que los doce apóstoles dependían de Jesús. Eso significa que necesitamos normalizar ese fuego. Sé que es milagroso, pero necesitamos normalizarlo en nuestras vidas, experimentarlo aquí en la tierra y en lo cotidiano, así como los discípulos normalizaron la presencia de Jesús. No había discipulado sin Él y no hay discipulado sin el fuego del Espíritu Santo, no nos engañemos. Es absurdo pensar otra cosa.

El problema es que nos hemos enredado demasiado al tratar de definir, estudiar, descifrar, discutir y escribir páginas y páginas sobre el Espíritu Santo. Nos hemos olvidado de que el Espíritu Santo no es para ser definido, estudiado, descifrado, discutido o escrito, sino para ser experimentado como el poder que nos capacita para el discipulado. Cuanto más nos dedicamos a estudiarlo, entenderlo y discutirlo como si fuera un tema académico o meramente doctrinal, menos lo vivimos, porque lo enrarecemos y lo distanciamos cada vez más hasta convertirlo en un extraño al que solo se pueden aproximar los expertos. Lo convertimos entonces en un mero objeto de estudio.

Error.

Tú no te aproximas al Espíritu Santo, tú vienes a Jesús y Él te lo da. El fuego es una promesa segura para todos los que son llamados al discipulado y responden en obediencia. Repito: para todos. Lo que pasa es que, en lugar de echar mano de Él, hemos permitido que se construya a su alrededor toda una leyenda atemorizante y hemos terminado encasillando al Espíritu Santo como si fuera un tema exclusivo de cuatro saltimbanquis privilegiados que degradan su poder y lo convierten en un espectáculo de masas.

No pretendo ser mordaz, pero, en serio, no hay excusas ante Dios para un mal uso de su poder, para la manipulación de masas ni para el oportunismo. Ni para el abuso. Ni para confundir a la gente. Repito: la finalidad del Espíritu Santo es convertir al creyente común en testigo de Cristo, habilitarlo para vivir la vida cristiana y para dar testimonio del evangelio incluso a riesgo de perder la vida. Esto es para todos:

> *Porque para vosotros es la promesa, y para vuestros hijos, y para todos los que están lejos; para cuantos el Señor nuestro Dios llamare.* (Hechos 2:39)

Mientras el Señor nuestro Dios nos siga llamando, es para nosotros. Podrá o no venir acompañado de alguna manifestación visible y ruidosa, pero eso no cambia el hecho de que es real y es para ti. Su obra se concentra prioritariamente en el interior de tu corazón y su finalidad es habilitarte para ser un testigo fiel de Jesucristo allí donde vivas o a donde Él te envíe. Al menos eso dijo Jesús:

> *... recibiréis poder, cuando haya venido sobre vosotros el Espíritu Santo, y me seréis testigos en Jerusalén, en toda Judea, en Samaria, y hasta lo último de la tierra.* (Hechos 1:8)

Por cierto, Él sigue enviando a personas desde el lugar en que viven hasta otras latitudes totalmente insospechadas. Hay gente que no necesita persecución ni motivos económicos o políticos para mudarse a otra parte del mundo. Lo que les mueve es el fuego que llevan dentro. Sienten el llamado de Dios y se mueven, inexplicablemente para muchos, contra toda lógica humana o planificación coherente. Es por el fuego, y no lo hacen (o no lo deberían hacer) «a tontas y a locas», sino según el modelo bíblico, en conexión con el resto del Cuerpo de Cristo, la iglesia. Esto es algo que sigue sucediendo a diario entre nosotros. Pero, insisto, ser un discípulo de Cristo no implica necesariamente un cambio de domicilio. Para ser testigo solo en Jerusalén necesitamos igualmente el fuego del Espíritu Santo.

Aterricemos esto.

El ser humano fue capaz de concluir que una molécula de agua se compone de tres átomos, dos de hidrógeno y uno de oxígeno. Lo llaman H_2O. Sin embargo, el ser humano no necesitaba descubrirlo. El agua salvó millones de vidas durante milenios, mucho antes de que descubriéramos su composición química. El descubrimiento tampoco afectó ni alteró su poder. Sigue salvando vidas sin importar que lo llames como quieras. Podrías ser capaz de descifrar la composición química del agua y aun así morir de sed, porque lo que te salva no es la explicación ni tu entendimiento, sino beberla.

Un día leí un libro sobre la oración y aprendí que existen diferentes tipos de oración, cada una con su nombre. Hay hasta veinticuatro formas o quizás más. También descubrí que había estado orando muchas veces sin saber cómo se llamaba el tipo de oración que estaba empleando. Algunas veces ni siquiera sabía que estaba orando. Uso esta ilustración para poner en evidencia que el fuego puede estar dentro de ti sin que hayas levitado nunca. Como dije, podemos estar orando sin conocer el nombre de la oración que estamos haciendo y podemos saciar nuestra sed sin necesidad de conocer la composición química del agua. Ojalá consiga despertar en ti la misma sensación que tuve cuando leí aquel libro sobre la oración porque, a lo mejor, resulta que ni siquiera sabías que puedes ser un discípulo de Jesús y que Él te llama personalmente. Esa puede ser la razón de tu conflicto interior.

¿Eres tú un hijo o una hija de Dios? Dice la Biblia que «todos los que son guiados por el Espíritu de Dios, estos son hijos de Dios» (Ro 8:14). También dice que «el Espíritu mismo da testimonio a nuestro espíritu, de que somos hijos de Dios» (Ro 8:16). Te vuelvo a preguntar: ¿tienes la seguridad de ser un hijo o una hija de Dios?

Antes de seguir te dejo una pista que te puede ayudar a responder la pregunta. Pablo le dice a Timoteo: «Por lo cual te aconsejo que avives el fuego del don de Dios que está en ti...» (2 Ti 1:6). ¿Podría ser que el fuego de Dios estuviera en ti y ni siquiera lo supieras por no haber sentido nunca lo que crees que deberías sentir? ¿Podría ser que ya lo tuvieras y que solo necesitaras avivarlo y empezar a vivir la vida que Él ha diseñado para ti?

A ver si ahora va a ser verdad que Dios te llama.

A ver si ahora va a ser verdad que puedes,

y ni siquiera lo sabías.

CAPÍTULO 8

Un ejercicio de honestidad

¿Cómo puedo saber si el fuego de Dios está en mí? Si lo que me capacita para ser un discípulo de Cristo es el fuego del Espíritu de Dios derramado en mi corazón, ¿cómo puedo saber si verdaderamente lo tengo cuando no estoy seguro de haberlo sentido?

Tienes que ser muy honesto.

Este capítulo puede ser crucial para ti. Necesitas hacer un ejercicio de honestidad y no mentirte a ti mismo. No hay peor mentira que el autoengaño. Te lo digo porque he descubierto que hay personas que parecen no tener la capacidad de autoanalizarse. Son tremendos para analizar a otros, hasta pueden hacer valoraciones psicológicas muy certeras de los demás, pero son un cero a la izquierda cuando se trata de ver la viga en su propio ojo. No puedes ser así. Tienes que ser muy honesto y olvidarte por un momento de tu imagen y de lo que piensen los demás. Ponte delante de Dios tú solo, tú sola, tú y Él. Nadie más. Para salir de dudas, necesitas analizar seriamente qué es lo que hay dentro de ti. ¿Te atreves? Las preguntas son sencillas:

¿Cuál es tu fuego?

¿Cuál es tu pasión?

¿Qué es lo que te impulsa?

Me explico:

En todas las disciplinas de la vida (ciencia, deporte, arte o enseñanza) existen personas que, aun teniendo un grandísimo talento, no tienen la pasión necesaria para hacer que su trabajo sea sobresaliente. Ellos cumplen profesionalmente con su deber porque es su responsabilidad, saben hacerlo y nadie lo pone en duda. Y luego también están esas otras personas, algunas de ellas con menos talento, pero con una pasión tan arrolladora que destacan por encima de la media. Arrasan con todo y producen más y mejor trabajo que el resto. Todo el mundo quiere tenerlos en su equipo porque provocan una gran diferencia. ¿El motivo? Tienen algo dentro que es insustituible. Tienen un motor que les mueve y, por más que encuentren obstáculos alrededor, nada podrá detenerlos porque la motivación que les impulsa la llevan dentro.

Es su fuego.

¿Cuál es el tuyo? Admite que puedes hacer cosas fielmente y al mismo tiempo tener el corazón en otro lado. No hay pasión. Solo las haces porque has aprendido a hacerlas y es lo correcto. Te pregunto de nuevo:

¿Cuál es tu fuego?

¿Qué es lo que realmente te mueve por dentro?
¿Cuál es tu pasión, aquello que podrías hacer
constantemente sin obligación y sin necesidad de
que nadie te empuje?

No me vengas con un pecado en concreto. Ese no es tu fuego. No admitas esa acusación. Todos tenemos una naturaleza caída y alguna concupiscencia, esa atracción que sentimos hacia cierto tipo de mal y que el diablo utiliza para tentarnos. No me refiero a eso. Vuelve a empezar. ¿Cuál es tu fuego? ¿A qué podrías dedicarte sin necesidad de que te obliguen? (Haz el favor de detenerte a pensar y a responder antes de seguir leyendo).

¿Lo tienes? De acuerdo, probablemente esa es tu vocación, aquello para lo cual naciste y que podrías hacer con alegría y sin cansarte. No te derrumbes si la respuesta no ha sido «hablar de Jesús a todo el mundo y cumplir la Gran Comisión». Todavía no significa nada. Podemos amar a Jesús con todo el corazón y sentirnos al mismo tiempo abrumados por la exigencia de la Gran Comisión. Podemos ser honestos como aquel hombre que, cuando el Maestro le preguntó si tenía fe para presenciar un milagro, respondió: «Creo, ayuda mi incredulidad» (Mr 9:24).

El hecho de que «cumplir la Gran Comisión» no sea tu pasión no significa que el Espíritu Santo no está en ti. El ejercicio sigue y tienes que continuar siendo igual de honesto. Segunda pregunta:

¿Podrías dar la espalda a Jesús y vivir tu propia pasión natural sin tener en cuenta su llamamiento?

Vamos, imagínatelo: dedicarte a lo que te gusta ignorando el llamamiento de Jesús a seguirle como discípulo y ser feliz en el intento; decidir que su llamamiento no es para ti, que no va contigo porque tú tienes otras prioridades.

¿Puedes hacerlo y seguir mirándote al espejo felizmente?

No hace falta que respondas ahora mismo, pero dale un par de vueltas y resuelve el ejercicio hoy, antes de acostarte. No lo dejes pasar.

Déjame adelantarte algo: si la respuesta te resulta difícil y luchas con ella es porque hay una guerra dentro de ti; y adivina por qué tienes ese conflicto. Es sencillamente porque has nacido de nuevo y el Espíritu Santo mora en ti. Si no viviera en ti, ni siquiera tendrías que pensarlo. Podrías ignorar a Jesús y seguir por tu camino tan tranquilo. Pero si en el fondo le amas y quisieras seguirlo, pero dudas de tu capacidad para mantener el compromiso, es porque ya hay dos naturalezas dentro de ti, la antigua y la nueva.

Lo que te pasa es lo mismo que le pasaba a Timoteo. El fuego estaba en él, pero la llama era tan débil que todo lo demás parecía tener más fuerza. Lo que Pablo le aconseja es que tome medidas: «... te aconsejo que avives el fuego del don de Dios que está en ti...» (2 Ti 1:6). El fuego ya estaba en él, pero corría el riesgo de apagarse. Fíjate que no ora por Él para que Dios revuelva su corazón de manera sobrenatural, sino que le da un consejo sumamente práctico. Le dice que «la pelota está en su tejado», como dicen en España, o «en tu cancha», como en América Latina. «Muchacho, a menos que espabiles y hagas algo al respecto, la llama se apagará». En otras palabras, tienes que tomar una decisión. Si eres un hijo o una hija de Dios porque en algún momento le rendiste tu vida a Jesús como tu Salvador personal, el Espíritu Santo está en ti, al mismo tiempo que sigues siendo tú, y ahora necesitas decidir qué va a ser lo más importante para ti.

Eres tú quien lo decide.

Si la salvación que Jesús te ha dado es lo suficientemente grande para ti como para darle la prioridad en tu vida, entonces necesitas tomarte en serio lo de hacer morir en ti a diario cualquier tendencia que te aleja de Dios y comenzar a cultivar en tu corazón la vida espiritual. Eso es avivar la llama. Pero si Jesús no es lo primero para ti, si no ves tu salvación como algo milagroso e inmerecido por lo que estás infinitamente agradecido, difícilmente avivarás la llama y hasta es posible que se extinga. Serás uno de esos cristianos convencidos intelectualmente de la verdad, pero sin un compromiso serio con el día a día cristiano. Lo que no podrás decir nunca con verdad es que no puedes seguirle, tendrás que decir que prefieres alimentar otro tipo de cosas y no quieres comprometerte con las demandas del discipulado.

De modo que está en tu mano. El llamamiento está en ti, el fuego del Espíritu también, solo queda que tú decidas avivar la llama.

Si quisieras, bien podrías.

¿Cómo avivar la llama?

Te diré cómo lo veo yo. En mi opinión, solo existen dos caminos para que sea avivada la llama en ti. El primer camino es el enamoramiento, es decir, el resultado natural de enamorarse locamente de una persona. Eso puede pasar con Jesús; de hecho, pasa. Sucede cuando de repente le ves. Eso les sucedió a los dos que iban de Jerusalén a Emaús (Lc 24:13–35). Ellos iban por el camino cuando se les acercó un tercero. Mientras Él hablaba, sus corazones ardían, pero no le reconocían. Uno puede arder por dentro y sentir que hay algo sobrenatural en Jesús y desear aprender más y escuchar más, pero hasta que no llega ese momento del partimiento del pan, como en Emaús, cuando sus ojos son abiertos y de pronto le ven, pareciera que no sucede nada relevante. Sí, existe un fuego interno, pero la llama no da para mucho más que un entusiasmo momentáneo. Sin embargo, cuando de pronto le vieron, la llama se prendió de verdad y ni siquiera el cansancio del viaje impidió que regresaran esa misma noche a Jerusalén para dar testimonio de Él. Tal era el fuego que se había encendido en ellos.

Sus vidas cambiaron.

A eso lo denomino un enamoramiento de Jesús, cuando de repente eres consciente de la verdad, que Él estaba vivo y presente todo el tiempo y tú estabas dormido. Eres consciente de lo mucho que le debes, del tiempo que has perdido, de lo mucho que te amó, de lo poco que lo merecías y de cuánto mal te evitó. De repente te sientes deudor no solo frente a Él, sino frente a todo el mundo, como Pablo (Ro 1:14). No hay nada que te frene, necesitas servirle tanto a Él como a los demás, por amor a Jesucristo. Hasta algunas veces es necesario sujetarte porque traes un fuego por dentro que es difícil de apagar. Amas profundamente a Jesús y te urge darle expresión a ese amor.

Eso es avivar el fuego y se produce milagrosamente en el corazón cuando tus ojos se abren por la Palabra y despiertas a la realidad majestuosa de Jesús. He tenido el privilegio de verlo suceder muchas veces. Personas que de pronto cambian todas sus prioridades y su enfoque, simplemente porque han CONOCIDO A JESÚS (con mayúsculas y con todas las letras). No entienden todo ni saben todo sobre Él, pero lo aman y no hay quien los detenga. Cuando eso sucede, no hace falta más para avivar el fuego.

Así le sucede con mucha frecuencia a una persona que, habiendo vivido totalmente apartada de Dios, escucha el evangelio por primera vez y nace de nuevo. De repente descubre y recibe el amor de Dios y se abraza a la cruz como un Sancho a su Quijote, no vuelve atrás ni quiere saber nada de su vida vieja. El fuego ha prendido en su corazón. Ama a Jesús y lo convierte en su prioridad de vida. Después necesitará de todo un proceso de aprendizaje en el que será importantísimo que aprenda a mantener la llama avivada y que no deje que se apague ni sea sustituida por meras «actividades cristianas», programas o conocimiento intelectual religioso aburrido.

Aprende a mantener la llama avivada.

Sin embargo (no te derrumbes), no todos viven esta experiencia de manera instantánea. Hay personas que vienen de un entorno más cercano, más afín a la idea de Dios, a la religión, que han nacido en un hogar cristiano o simplemente no han experimentado el lado oscuro de la vida lejos de Dios. Son gente temerosa de Dios de toda la vida, pero necesitadísimos de Él, sin conocerle, como lo fueron Cornelio, Lidia, los fariseos, el hermano mayor del hijo pródigo o como cualquier hijo de creyente hoy. En estos casos, hablamos de personas que reconocen a Jesucristo y viven convencidos de que su Palabra es la verdad, pero no han vivido nunca la experiencia de un cambio drástico en sus vidas ni pueden apreciar lo que tienen porque nunca vivieron tan alejados. Simplemente han aceptado la verdad del evangelio como algo lógico y natural, se arrepintieron de sus propios pecados y reconocieron que estaban alejados de Dios. Jesús sí es su Señor y Salvador, lo valoran bastante, pero no hay pasión, lágrimas, amor profundo ni locura. Hay más tedio que emoción, pero nada de fuego; como mucho, una pequeña llama tenue que amenaza con apagarse con la primera brisa complicada.

Si ese es tu caso, quiero decirte que no eres un cristiano de segunda categoría. Solamente te falta amar con mayor pasión a Jesús. Ya que no conoces esa sensación de un cambio radical porque, sea por la circunstancia que sea, eso no ha sucedido en ti, te recomiendo el segundo camino para avivar la llama. Tienes que ponerte manos a la obra, como los que usan un soplador de aire para mantener los carbones encendidos. No puedes quedarte simplemente esperando a que suceda algo. Ya lo tienes dentro, pero te has acostumbrado y tienes que avivarlo. Si lo haces, te aseguro que el amor apasionado llegará tarde o temprano. Este es el segundo camino propuesto por el apóstol Pablo:

> *No os embriaguéis con vino, en lo cual hay disolución; antes bien sed llenos del Espíritu, hablando entre vosotros con salmos, con himnos y cánticos espirituales, cantando y alabando al Señor en vuestros corazones.* (Efesios 5:18–19)

Si tú reconoces que no tienes un fuego ardiendo dentro de ti por Jesús, debes tomar este camino que tiene que ver con la iglesia y con tus hermanos. No quiero decir con esto que quien llega por el primer camino, el del amor apasionado instantáneo por Jesús a través de una experiencia explosiva con Él, esté al margen del mandato paulino o que no lo necesite. Nada más lejos de la realidad. Todos lo necesitamos. Pero mientras que los del primer camino llegan casi por inercia, los del segundo camino necesitan poner especial empeño en encontrarlo.

Pablo nos dice lo que NO debemos hacer: embriagarnos con vino.

Pablo nos dice lo que SÍ debemos hacer: ser llenos del Espíritu Santo.

No es que el Espíritu Santo no esté en nosotros, sino que tenemos que llenarnos de Él, es decir, rendirnos a Él para que controle nuestras vidas y gocemos de dominio propio, en oposición a la embriaguez y pérdida del control de la vida en pecado.

Y tenemos que hacerlo nosotros.

Eso es avivar la llama. Pablo nos dice exactamente cómo conseguirlo. Curiosamente, no tiene que ver con ningún ejercicio místico de oración o ayuno, sino con cosas muy prácticas que requieren una acción por nuestra parte junto con otros hermanos o hermanas de nuestra misma fe. Pablo dice que avivamos el fuego en función de tres cosas:

1. Nuestras conversaciones. Pablo dice que debemos hablar entre nosotros con salmos. Es evidente que no se trata de andar recitando el libro de Salmos en nuestros diálogos, sino que prestemos especial atención y nos esforcemos para que nuestras conversaciones giren en torno a la Palabra de Dios. Esto forma parte del segundo camino. Te pido que seas honesto en este momento y pienses en qué temas ocupan el noventa por ciento de tus conversaciones. Si quieres avivar la llama, tienes que comenzar a cambiar el contenido de tus conversaciones y provocar intencionalmente que le den gloria a Dios al girar en torno a su Palabra. Si lo haces, empezarás a experimentar que el fuego se aviva en ti.

2. Nuestras canciones. Himnos y cánticos espirituales. Yo no digo que tengas que estar cantando todo el día, pero comencemos por las canciones que cantas en la iglesia junto con tus hermanos. Una vez más, te pido que seas honesto y pienses en cuántas de esas alabanzas las entonas poniendo todo tu entendimiento en lo que estás cantando y concentrándote en cada palabra y su significado. Examina si cuando cantas en la iglesia lo haces más por cumplir con una liturgia o incluso como consecuencia de un momento emocional o simplemente divertido (o aburrido) para ti, en el que tu mente divaga con otros temas y no está enfocada necesariamente en esa adoración al Señor. Si tus cinco sentidos están en lo que la iglesia canta al Señor y te introduces en ello totalmente como un tiempo absolutamente sagrado entre Dios y tú, alabando y adorando solo al Señor, tu llama se avivará. No pasará mucho tiempo antes de que comiences a practicarlo también a solas o en grupos más reducidos con tus amigos. Lo necesitarás.

3. La actitud interior en nuestro corazón. Cantando y alabando a Dios, no de manera audible, sino en la profundidad de tu corazón. Pablo está hablando ahora de tus pensamientos y tu actitud interior constante ante cualquier circunstancia, ya sea en el trabajo, la escuela, el barrio, la casa, con tu familia, tus compañeros, tus hermanos. El llamado es a mantener siempre, pase lo que pase, una actitud interna de alabanza

a Dios en todo y por todo. Lo que debemos desarrollar es un espíritu agradecido y orientado hacia Dios
porque sabemos que todo viene de Él y, por lo tanto,
Él hará de cualquier cosa lo mejor para ti. Es un «gracias» constante. Esa actitud aviva tu fuego.

(Permíteme añadir un largo paréntesis antes de continuar y antes de que decidas que lo que estamos hablando
es imposible para ti. Uno de los grandes hombres de Dios
mayormente conocido por su intensa vida de oración con-
fesó abiertamente que su secreto consistía en no dejar pasar
mucho más de media hora sin dar gracias a Dios. No se
trata de que vivas en una nube, sino de que adquieras el
hábito de regresar frecuentemente en tus pensamientos a
Dios para hablar con Él y darle gracias. Tan sencillo como
eso. Habla con Él siempre que te acuerdes, estés donde estés
y en cualquier momento del día. Hazlo en tu interior, donde
el Espíritu mora. Y algo comenzará a cambiar. Sabrás que
no estás nunca sola o solo).

Estas son cosas que tienes que hacer tú y constituyen
el segundo camino. Insisto, si no has vivido una sensación
maravillosa de amor profundo por Jesús, no por ello estás
exento del grupo al que Jesús está llamando al discipulado.
Simplemente necesitas avivar el fuego persiguiendo intencionalmente estas tres cosas. Te aseguro que tarde o temprano surgirá el amor. Te sorprenderá igualmente, como
sucede con esas parejas que al principio no sentían nada,
pero al caminar juntos descubrieron que se amaban y no

podían vivir el uno sin el otro. Precisamente por eso, no sucederá porque procrastines tu decisión de seguirle, sino mientras le sigues en el camino.

Esto pasa.

Está en tu mano.

Empieza.

No te quedes esperando a que ocurra solo. Puedes llenarte del Espíritu, como aconseja Pablo en Efesios, y terminar amando a Jesús. Está en tu mano. Empieza. Si crees de todo corazón, bien puedes. Si fracasas, no te desanimes, sacúdete el polvo y vuelve a comenzar. Terminará sucediendo porque Dios lo promete. Si no lo haces, te irás triste como el joven rico.

Te confieso que mi propio testimonio es una combinación de los dos caminos. Yo nací en un hogar cristiano y amo a Jesucristo desde que tengo memoria. Nunca estuve metido en drogas ni anduve lejos de Dios. Crecí en la iglesia y el evangelio siempre fue parte de mi vida. Durante mucho tiempo simplemente hacía las cosas que aprendí de mis padres porque era lo correcto y envidiaba a los que llegaban a la iglesia contando cómo el encuentro con Jesús los había transformado y apartado de una vida llena de prácticas pecaminosas. Yo veía en ellos un fuego que yo no tenía. Así que simplemente decidí aferrarme a la Biblia. Decidí leerla, memorizarla y conocerla mejor que nadie. Me acerqué a aquellos que parecían tener ese fuego que yo no tenía. Conversaba con ellos y deseaba contagiarme, pero no lo sentía igual que ellos. Así que creí en la vida espiritual antes de experimentarla. Un día llegó ese amor profundo por Jesús, ni siquiera sé bien cómo.

Fue una Nochebuena.

Desde entonces no puedo decir que haya hecho todo bien o que siempre haya tenido el mismo entusiasmo, pero siempre supe que tenía que seguir a Jesús en el discipulado y que mi vida le pertenecía. A lo largo de los años me sostuvieron tanto la gracia de Dios como las decisiones que le pusieron a Él en el primer lugar. No siempre lo hice bien, pero siempre le he servido. Es así: al final, tu caminar con Cristo será una lista interminable de intentos, unos con más éxito que otros. Siempre te sentirás en deuda con Él.

Pero sé honesto,
no vuelvas a decir que no puedes.

CAPÍTULO 9

Extintores

Cuando estábamos en el proceso de construcción del edificio de nuestra iglesia local en Madrid, hubo detalles que se salieron del presupuesto porque no los habíamos previsto, sobre todo en lo que se refiere a normativas de seguridad. Uno de ellos fue la prevención de incendios. Gastamos mucho dinero no presupuestado en el cumplimiento de las exigencias impuestas por las autoridades en este tema. De entrada, nos obligaron a usar ciertos materiales ignífugos mucho más caros que los normales, pero además nos dictaron todo el sistema de alarmas, cortinas antiincendios, rociadores automáticos, exutorios (dispositivos que realizan aperturas para que el humo salga de forma natural) y extintores, entre otras cosas. Cumplir con todos estos requisitos era la condición para obtener la licencia de apertura y yo me preguntaba para qué tantas especificaciones, porque, en realidad, dudaba mucho que tuviéramos alguna vez un incendio en la iglesia. En cualquier caso, comenzamos a hacer la broma fácil de que el único fuego que incendiaría aquel lugar sería el fuego del Espíritu y precisamente ese fuego no lo queríamos apagar. Resulta contradictorio que en un lugar donde lo que pretendemos es que descienda el fuego de Dios estemos rodeados de un carísimo sistema antiincendios.

La extinción de la llama interior.

Pero todo este proceso me hizo pensar en lo que realmente sucede con frecuencia entre los cristianos: la extinción de la llama interior. Una de las historias más repetidas en las iglesias es el típico caso de una persona que recibe con entusiasmo a Jesús como su Salvador personal, nace de nuevo, comienza a asistir al culto, es una bendición y una alegría para todos, pero con el paso del tiempo se acomoda y termina acostumbrándose e incluso cansándose de la iglesia, de los creyentes y de los cultos. Eso sí, sigue siendo un hermano o una hermana en Cristo, pero el fuego inicial que solía tener ha desaparecido por completo. Asiste y forma parte del grupo por convencimiento o costumbre y porque ya está dentro del redil y tampoco tiene intenciones de abandonarlo, pero es muy evidente la falta de pasión del principio. Sirve en algún área con fidelidad, pero con más queja que alabanza. De algún modo, ha sido víctima de un sistema antiincendios espiritual sin siquiera saberlo.

Lo primero que quiero decirle a alguien que se sienta en esa posición es que, por más que todo te lleve a pensar lo contrario, si estás en Cristo eres una nueva criatura y la llama no se ha extinguido totalmente. Puede que esté muy atenuada y ya ni siquiera parezca tener efecto, pero creo con todo mi corazón que sigue allí. Cuando observo mi propia vida reconozco ciertos momentos en que la llama del fuego de Dios se debilitó mucho en mi corazón. Quiero mencionar como testimonio algunos de estos momentos por si pudieran ayudarte a entender tu propia situación y la forma de revertirla. Esto son apuntes míos muy personales sobre circunstancias que consiguieron disminuir puntualmente el fuego en mí.

Él pecado en mi vida. Es evidente que, si le fallé a Dios, le desobedecí y permití que el pecado entrara en mi vida en cualquiera de sus formas, eso siempre ha traído como consecuencia un enfriamiento en mi relación con el Señor. La única forma de recuperar el fuego en mi corazón ha sido siempre reconocer mi pecado delante de Dios y venir en oración a su presencia con un corazón arrepentido. Su gracia y su perdón hicieron el resto.

Arrepiéntete.

La traición de otros. A lo largo de mi trayectoria he sido engañado y traicionado por alguna que otra persona. Tengo que reconocer que eso me produjo amargura y momentos de sequedad interior y gran enfado. Incluso hubo un tiempo en que perdí el gozo y sentía como si la llama del Espíritu Santo se hubiera extinguido. No me sentía capaz de amar sinceramente a algunas personas y me expresaba como David en el salmo 55. Lo único que consiguió reavivar en mí la llama fue la Palabra de Dios, su presencia en los momentos íntimos de oración y, muy importante, la relación con mis hermanos en la iglesia local. No digo que fuera fácil, digo que no hubo nada más que lograra hacerme arder de nuevo por Cristo.

No descuides tu relación con Dios, su Palabra y los demás.

La enfermedad de personas queridas. Cuando he estado enfermo, nunca he sentido que la llama de mi corazón se extinguiera. Al contrario, han sido tiempos de cercanía con el Señor; por ejemplo, cuando a los catorce años tuve un episodio de salud muy serio que hizo hasta temer por mi vida. Para mí no fue una experiencia de alejamiento de Dios, sino todo lo contrario. Fue en aquel hospital donde tomé la decisión de servir al Señor. También mi corazón se avivó durante el tiempo de la pandemia. Yo siempre digo que el COVID me sanó, porque verdaderamente la etapa del confinamiento me acercó mucho a Dios y produjo para mí un avivamiento interior.

Sin embargo, la enfermedad en personas queridas sí consiguió agobiarme mucho. Concretamente la enfermedad de mi padre y la enfermedad de mi hijo. Ambas sucedieron casi en paralelo. Mi padre tuvo que ser internado en un hospital y, por circunstancias muy concretas, esa situación me derrumbó interiormente. Pocos meses más tarde, la situación empeoró con la enfermedad de mi hijo, siendo solo un bebé. Puede que eso sea muy humano, pero yo lo recuerdo como un tiempo horrible que consiguió robarme el gozo interior y me llevó a vivir una temporada de angustia y de ansiedad. De nuevo, fue la Palabra de Dios, la oración de mis hermanos y la relación con ellos lo que me devolvió poco a poco el gozo del Señor.

Palabra.

Comunión.

Oración.

El abandono. Debido a mi forma de ser, el abandono de ciertas personas muy queridas me ha causado temporadas largas de tristeza y agotamiento mental. Experimentar el abandono me ha hecho presa de mis propias emociones negativas, ha logrado que lo espiritual pase a un segundo plano y ha atenuado mucho la llama del Espíritu de Dios en mí. Una vez más, la Palabra de Dios fue clave, así como la intervención de personas en concreto, hermanos en Cristo que, con su cercanía, su oración y sus palabras me restauraron.

Palabra.

Comunión.

Los cambios fuertes e incómodos. Ha habido momentos de mi vida y ministerio en que los cambios de templo o de estructuras muy establecidas a lo largo de los años me han traído temor, inseguridad e incomodidad, desviando mi atención a temas administrativos y llegando a robarme el gozo del Señor. Una vez más, lo que me ayudó a través del tiempo fue la oración, la Palabra de Dios y los hermanos.

Seguramente, la lista puede ampliarse bastante, pero si lo miras bien descubrirás un patrón que se repite siempre:

1.   Alguna circunstancia inesperada logra atenuar el fuego inicial que ardía en el corazón.

2.   La Palabra, la oración y la comunión con la iglesia son la clave para que la llama vuelva a arder.

Debo confesar que estas cosas no forman parte del pasado y ya quedaron en el olvido. Aún hoy soy susceptible de sufrir cualquiera de estas circunstancias y caer de nuevo en momentos de debilidad espiritual. Por eso necesito estar siempre muy alerta. El hecho de haber pasado por estas experiencias me hace más fuerte y más sabio, pero no me hace perfecto ni inmune. Por lo tanto, mi conclusión es que, aunque la vida está llena de circunstancias diseñadas por el enemigo para debilitar nuestra llama interior, e incluso si en alguna ocasión lo consigue, existe una fórmula ideal para avivar ese fuego, sea cual sea la circunstancia. Siempre tiene que ver con tres elementos que curiosamente guardan una gran relación con el pasaje que analizábamos en el capítulo 8: «No os embriaguéis con vino, en lo cual hay disolución; antes bien sed llenos del Espíritu, hablando entre vosotros con salmos, con himnos y cánticos espirituales, cantando y alabando al Señor en vuestros corazones» (Ef 5:18–19). Los tres elementos son:

- La centralidad de la Palabra.
- La búsqueda de Dios en oración.
- La relación con mi familia espiritual, la iglesia.

No te desesperes si sientes que tu fuego está apagado o necesita ser reavivado. Si alguna de estas cosas u otras que reconoces en tu vida han logrado disminuir tu llama, no te vuelvas loco. No te sientas como el gran fracasado, porque es lo más normal del mundo. Somos seres humanos susceptibles de ser afectados constantemente por las cosas que nos perturban en lo físico y emocional, que influyen también en nuestro espíritu.

Pero no te desanimes, eso no significa que no puedes ser un discípulo de Jesús. Simplemente toma nota de estas tres cosas y comienza a valorar si las has descuidado, porque estoy convencido de que, si comienzas a incluirlas y a trabajar en ellas, lograrás avivar la llama en ti. Sucederá lo que nos dice Pablo en Efesios, descubrirás que al prestar atención a sus consejos estarás obedeciendo al mandamiento de «ser llenos del Espíritu». El propio Timoteo pasó por esa misma experiencia. En su caso fue por el temor a los ataques de los falsos maestros o a la desconsideración de algunos hermanos que pensaron que no era lo suficientemente experimentado para liderar la iglesia. Pregúntate y trata de responder con sinceridad:

- ¿Cuál es tu propio sistema antiincendios?
- ¿Qué tipo de cosas son las que consiguen o han conseguido apagar tu fuego?

Puede que sean otras cosas, cada uno tiene su propia personalidad y sus puntos débiles, pero siempre hay un motivo presente y oculto que hay que tratar.

Estos tres puntos son mucho más importantes de lo que pensamos. A lo mejor crees que solo necesitas involucrarte más en la iglesia local y así serás reavivado. Pero el activismo en la iglesia no es lo que aviva nuestro fuego, más bien es al contrario. Te recuerdo las palabras de Jesús a la iglesia en Éfeso:

> *Yo conozco tus obras, y tu arduo trabajo y paciencia [...]. Pero tengo contra ti, que has dejado tu primer amor.* (Apocalipsis 2:2, 4)

En esa iglesia, el problema no era la falta de compromiso ni de actividad. De hecho, el Señor dice:

> *Yo conozco tus obras, y tu arduo trabajo y paciencia; y que no puedes soportar a los malos, y has probado a los que se dicen ser apóstoles, y no lo son, y los has hallado mentirosos; y has sufrido, y has tenido paciencia, y has trabajado arduamente por amor de mi nombre, y no has desmayado.* (Apocalipsis 2:2–3)

Esta iglesia hacía muchísimas cosas, todas buenas. Además, estaba muy comprometida con cada una de estas actividades. Pero Jesús denuncia que aparentemente las actividades habían sustituido al amor, que es mucho más importante para Dios. En otras palabras, la llama del fuego inicial se había extinguido al ser sustituida por el gran activismo.

Por lo tanto, si sientes que algo en ti se ha apagado, mi propuesta es que te pongas manos a la obra e, igual que Timoteo, avives el fuego del don que está en ti. Llénate del Espíritu Santo como dice en Efesios, pero no esperando que te sobrevenga alguna experiencia extrasensorial, sino de forma proactiva, trayendo a tu mente y a tu boca la Palabra de Dios, orando en tu corazón y manteniendo una actitud de agradecimiento, y fomentando la relación con tus hermanos en la fe de modo que tus conversaciones giren en torno a temas espirituales.

Una vez más, recuerda los tres puntos:

- Da prioridad al cultivo de tu relación con Jesús a través del estudio y el amor a su *Palabra*. Puedes comenzar simplemente con proponerte conocer mejor su contenido, interesarte por algún libro en particular, memorizar versículos; trabaja en ello. Inscríbete en algún estudio bíblico, tómalo en serio y dedícale tiempo. Estas prácticas te ayudarán a amar la Palabra porque experimentarás que ella acude a tu mente en momentos concretos de tu día a día y que resulta útil a la hora de tomar decisiones.

- Comienza a incluir la *oración* en tu vida como algo muy normal. No necesitas ni siquiera contabilizar cuánto tiempo apartas para orar. Si puedes hacerlo, genial, pero si no encuentras el espacio, al menos no dejes pasar más de media hora sin hablar con Dios. Recuerda que el Espíritu Santo está en ti y tan pronto lo pienses puedes hablar interiormente con Él. Eso mismo ya es un diálogo con Dios y es oración. Foméntalo y normalízalo en tu vida. Conviértelo en algo habitual.

- Busca relacionarte con los *hermanos* o hermanas de tu iglesia local. Esto es insustituible. Pero no lo hagas porque toca ir a la iglesia y servir juntamente con ellos en algún área determinada. Me refiero a que cultives la relación y la amistad con hermanos y hermanas fuera de las cuatro paredes del edificio eclesial, y que fomentes el contacto para estar juntos y conversar de vuestra fe común en medio de las cosas cotidianas. Tienes que hacerlo tú y no esperar a que lo hagan ellos. Incluso si no percibes la respuesta que te gustaría, insiste.

Si lo haces, verás cómo el fuego se aviva poco a poco, casi sin notarlo. No permitas que los sistemas antiincendios que tenemos instalados salten de forma automática ante ciertas circunstancias y apaguen el fuego. Avívalo en el nombre de Jesús.

Es posible que te sorprenda descubrir que, si quieres, realmente puedes hacerlo.

CAPÍTULO 10

Lo que nos ha dado Dios

Después de advertirle a Timoteo que debe avivar el fuego del don de Dios que está en él, Pablo le dice lo siguiente:

Porque no nos ha dado Dios espíritu de cobardía, sino de poder, de amor y de dominio propio. (2 Timoteo 1:7)

Esta frase es importantísima porque el apóstol está informando a Timoteo de lo que sucede en la vida de un creyente que aviva el fuego de Dios que está en su corazón. Hay una serie de cambios que suceden en su interior y todos tienen que ver con la naturaleza del Espíritu de Dios que ha sido derramado en nosotros.

En primer lugar, Pablo menciona lo que Dios NO nos ha dado, y después le dice lo que SÍ nos ha dado. Analicémoslo, porque está hablando de cuatro cambios que se activan en nuestro interior cuando el fuego del don de Dios se aviva en nosotros.

Valentía

Esto es lo primero. Pablo dice con claridad que Dios no nos ha dado espíritu de cobardía, es decir, que si en ti hay cobardía, no fue Dios quien te la dio. Esto es importante no solo para Timoteo, sino para todos nosotros. En el caso de Timoteo, al parecer, la oposición que experimentaba en la iglesia por parte de algunos que le tenían en poco o le despreciaban por ser joven había conseguido acobardarle. Por eso Pablo le recuerda que la cobardía que siente en su corazón es normal, pero NO ha sido puesta por Dios. Más bien es producto de su propia naturaleza humana. Si el fuego de Dios es avivado en el interior de Timoteo, una de las primeras consecuencias de ser lleno del Espíritu será la valentía.

Esta valentía me llama la atención porque no es la primera vez que leemos esto en la Biblia. Cuando Dios llamó a Josué en el Antiguo Testamento, ya le dijo algo muy parecido:

Solamente esfuérzate y sé muy valiente, para cuidar de hacer conforme a toda la ley que mi siervo Moisés te mandó; no te apartes de ella ni a diestra ni a siniestra, para que seas prosperado en todas las cosas que emprendas. (Josué 1:7)

Gedeón, quien también fue escogido por Dios para guiar al pueblo de Israel a la batalla, recibió palabras muy similares cuando el ángel de Jehová le encontró:

Jehová está contigo, varón esforzado y valiente.
(Jueces 6:12)

Esto resulta un tanto extraño porque Gedeón estaba escondido en un lagar sacudiendo el trigo para ocultarlo de los madianitas, una actitud que no parecía muy valiente. Sin embargo, estas dos

> **El avivamiento interior del fuego de Dios: la capacidad de enfrentarnos a cualquier temor y luchar con una valentía que no es nuestra, es de Dios.**

palabras, «esfuerzo» y «valentía», están habitualmente en el vocabulario de Dios para sus siervos cuando Él viene a luchar por ellos. Y ahora Pablo le dice claramente lo mismo a Timoteo.

El temor que una persona siente ante una situación peligrosa y de riesgo es algo muy natural. Sería ridículo negar que todo ser humano esconde ciertos temores en su interior. Pero, precisamente, una de las primeras consecuencias de la presencia del fuego de Dios avivado en nuestro corazón es que recibimos el antídoto. Quisiera aclarar que valentía no es estar libre de temores, sino ser capaz de enfrentarlos. La persona valiente no es aquella que no teme a nada, sino la que es capaz de levantarse y luchar en contra de sus gigantes sin esconderse, aunque esté asustada. Eso es exactamente lo que nos provee el avivamiento interior del fuego de Dios: la capacidad de enfrentarnos a cualquier temor y luchar con una valentía que no es nuestra, que es de Dios.

Es importante decir algo más. ¿Para qué sirve exactamente la valentía? Si el fuego es avivado en nosotros, ¿significa que nos volvemos valientes para cualquier extravagancia o cualquier batalla que se nos presente? No exactamente.

Cuando Dios animó a Josué, le dijo que se esforzara y fuera valiente para algo muy concreto: para guardar la Palabra que Dios le había dado y para que ninguna circunstancia o influencia de aquellos pueblos paganos le hiciera retroceder u olvidar la ley de Dios. Esa es la naturaleza de la valentía que surge en ti cuando el fuego de Dios se aviva. Valentía para permanecer fiel a la Palabra de Dios en medio de una sociedad totalmente hostil a ella.

Valentía para obedecer la Palabra.

Recuerda que Josué debía esforzarse y ser valiente porque el fuego no estaba de manera permanente en él, ya que vivía en el Antiguo Testamento. Sin embargo, nosotros, en el Nuevo Testamento, tenemos el fuego del Espíritu de Dios dentro de nuestros corazones. Si avivas el fuego, notarás que tienes la valentía de ponerte del lado de la Palabra de Dios en este tiempo, aunque toda la ideología moderna esté en contra tuya, aunque te traiga consecuencias negativas.

¿Qué tipo de consecuencias podrían suceder por estar del lado de la Palabra de Dios? Pérdida de amigos, pérdida de privilegios sociales, aumento de los enemigos, pérdida de estatus... ese tipo de cosas antes te amedrentaban y te paralizaban por el temor, pero cuando el fuego se aviva en ti algo cambia y las afrontas con confianza. Dios no te ha dado espíritu de cobardía, sino de valentía.

PODER

Dios nos ha dado espíritu de poder. Es importante aclarar lo que esto significa. No se trata de que automáticamente van a suceder hechos sobrenaturales e inexplicables a través de tu mano. Dios es un Dios de milagros y si Él quiere glorificarse a través de tu vida con milagros lo hará, pero cuando Pablo dice que Dios nos ha dado espíritu de poder, está hablando del mismo poder de Pentecostés:

> ... *recibiréis poder cuando haya venido sobre vosotros el Espíritu Santo y me seréis testigos...* (Hechos 1:8)

No se trata de un poder para montar un espectáculo, sino principalmente para ser testigos de Jesús, para no negar al Maestro ni con nuestras palabras ni con nuestra vida. Recordarás que la palabra usada en griego para «dar testimonio» es *martureo*, y para «testigo» es *martus*, de donde viene nuestra palabra «mártir». Para los primeros cristianos, ser testigo de Cristo significó arriesgar la vida y, en algunos casos, entregarla. Ese es exactamente el poder que Dios nos ha dado y que se aviva en nuestro corazón. Poder para ser testigos de Jesús en cualquier circunstancia y no negarle como lo hizo Pedro cuando todavía no ardía la llama en él (Mt 26:74).

Es el mismo poder que experimentaron en situaciones extremas los héroes de la fe, como Esdras, Nehemías, Josué, Zorobabel, Ester y también todos los del Nuevo Testamento, independientemente de si escaparon de la muerte o si fueron mártires. Hay algo que debemos tener muy claro en nuestra mente: la fe que llevó a Jacobo y a Esteban al martirio y a la muerte es la misma fe que sacó a Pedro y a

Pablo de la cárcel. No es, por lo tanto, poder para entregarnos a temeridades, sino poder de Dios que nos respalda en cualquier situación, dejándonos sentir en todo momento que jamás estamos solos, ni siquiera en el valle de sombra de muerte (Sal 23).

Por cierto, esto es lo que experimentan nuestros hermanos que viven actualmente en lugares donde la iglesia es perseguida. ¿Has oído lo que dicen cuando nos piden oración? No piden que oremos para que cese la persecución, sino por fortaleza para resistir y no flaquear ante la persecución. Te digo que no están locos. Simplemente el fuego de Dios arde en ellos de tal manera que enfrentan con valentía cualquier situación porque saben que el poder de Dios los respalda.

No retroceden.

AMOR

Podríamos escribir mucho sobre el amor. Pero me limitaré a decir que el espíritu de amor del que Pablo habla aquí no tiene nada que ver con la amistad, ni con el erotismo o con cualquier otra clase de amor que podamos imaginar. La palabra en griego es «ágape» y se refiere al amor inmutable de Dios que no depende de nada porque simplemente es lo que es. No necesita de una respuesta para manifestarse. Es como el sol que sale sin condiciones por voluntad de Dios (Mt 5:45). De modo que no está hablando de un sentimiento cambiante o flácido, sino de la capacidad de amar a Dios y a los demás de forma desinteresada e inmutable.

Ese amor no es humano, no es uno que podamos ofrecer como personas, solo está en nosotros por el milagro del nuevo nacimiento y, cuando el fuego es avivado en nuestro corazón, comienza a brotar por nuestros poros. Es milagroso. De repente eres capaz de dar una respuesta blanda a quien viene airado contra ti y ahora puedes perdonar lo que antes no podías. El fuego en ti es mayor que cualquier ofensa. Eres consciente de que lo debes todo, tal como Pablo se reconoce deudor o como el siervo de la parábola de los dos deudores (Ro 1:14; Mt 18:23–35). Cuando esas cosas comienzan a suceder dentro de ti, es señal de que la llama está siendo avivada.

Desde luego, el ejemplo más grande de amor supremo, como siempre, es el de Jesús. ¿De dónde crees que sacaba esa templanza para perdonar a sus ofensores? Todo lo que hizo con una inmensa valentía, lo hizo por amor sin tener por qué hacerlo. Tanto la cruz como sus enfrentamientos con la gente, tanto el momento en que vuelca las mesas como la dramática situación en que escribe con el dedo en tierra y perdona a la adúltera... tanto su toque tierno sobre el cuerpo del leproso como sus durísimas represiones a los fariseos... todo fue *ágape*.

El ágape se derrama en tu corazón cuando el fuego se aviva.

DOMINIO PROPIO

Este es el último término que usa Pablo al describir las características del espíritu que Dios nos ha dado. Casi todas las versiones lo traducen como «dominio propio», pero la palabra en griego, que es única y que creo que solo aparece en este versículo, también apunta hacia la sabiduría. Es decir, se trata de un dominio sabio de nosotros mismos.

Las películas más taquilleras de nuestro tiempo normalmente contienen violencia y casi siempre el héroe es alguien que se toma la justicia por su mano. Esa imagen ha hecho que la sensación popular sea más bien que una persona con dominio de sí misma da imagen de cobarde, probablemente es demasiado prudente. Pero el dominio propio no tiene nada que ver con la cobardía y sí tiene mucho que ver con la sabiduría. Desde luego, está muy relacionado con la humildad.

Aunque parezca cobardía, no lo es. Fíjate en el ejemplo de Jesús. El Maestro pudo fulminar a Pilato y a más de uno, pero no lo hizo. Cuando Pedro le cortó la oreja a Malco, Jesús dejó muy claro que la violencia no era el camino a seguir, e hizo una demostración increíble del espíritu de dominio propio cuando le dijo a Pedro:

> *Vuelve tu espada a su lugar; porque todos los que tomen espada, a espada perecerán. ¿Acaso piensas que no puedo ahora orar a mi Padre, y que él no me daría más de doce legiones de ángeles?*
> (Mateo 26:52–53)

Esta actitud tiene una gran dosis de mansedumbre, es decir, fuerza bajo control, porque literalmente pudo destruir a sus enemigos y evitar la muerte y la tortura, pero no lo hizo. Eso requiere mucha valentía y mucho dominio propio. Decidió ser fiel al llamamiento que tenía.

Creo que hoy nos falta mucho de este espíritu también entre el liderazgo de las iglesias. Parece como si cualquier miembro de la congregación estuviese obligado a mostrar dominio propio, mientras que los líderes tienen licencia para sacar su mal carácter y decir las cosas en un tono de superioridad, sin un solo «por favor», sin servir a los demás, sino reclamando ser servidos y de tal modo que, si alguien se atreve a cuestionar su actitud, sufrirá las represalias. Este tipo de comportamiento es muy normal y hasta lógico en el entorno laboral de nuestra sociedad. Pero en la iglesia, entre los hijos de Dios, está totalmente fuera de lugar. Cuando sucede, es una muestra clara de que el gobierno está en manos de un ser humano, pero no a cargo del Espíritu de Dios.

Es un error pensar que tendremos más éxito en el ministerio al ejercer autoridad como lo hace el mundo. Dios no nos ha dado un espíritu déspota, ni de autocomplacencia, ni de desenfreno, sino de dominio propio. Cuando un cristiano aviva el fuego del don de Dios que está en él, una de las consecuencias más inmediatas es que muestra un dominio propio que antes no tenía. Sirve a los demás en lugar de esperar que otros le sirvan. Pide y ruega a los hermanos que actúen en esta u otra forma (como Pablo en su carta a Filemón) en lugar de dar órdenes. Sobre todo, no reacciona de manera desproporcionada a las ofensas, sino que controla su carácter carnal y lo mantiene sujeto a la obediencia a Cristo. Crece en autoridad a los ojos de todos porque Dios lo respalda.

¿Todo esto te suena demasiado espiritual?

¿Te suena como algo reservado a ciertos escogidos que tienen un privilegio exclusivo de parte de Dios?

¿Y si estuvieras equivocado y en realidad estas cosas fueran para todos?

Si estas cosas brillan por su ausencia entre los cristianos, es solamente porque fallamos y caemos cuando, en lugar de actuar bajo la influencia de las herramientas que Dios nos da como discípulos de Cristo, lo hacemos en nuestra propia fuerza. Nuestra propia fuerza está dominada por la personalidad carnal y tiene sus límites. Esto nos sucede a todos, tenemos momentos bajos, momentos en que descuidamos nuestra cercanía con Dios y entonces vuelve a asomar la naturaleza caída. Pero eso no nos descalifica. Solamente nos recuerda nuestra constante dependencia del Espíritu Santo, nuestra necesidad de reconocimiento y la obligación de levantarnos en el nombre de Jesús, pedir perdón y volver a intentarlo luego de haber aprendido la lección y entender que no podemos afrontar la vida sin estar llenos de Él.

Lo que nos descalifica es pensar que podemos seguir así y no hacer nada al respecto. Necesitamos avivar la llama en nosotros. Si lo hacemos, viviremos a diario el milagro de lo que Dios nos ha dado. Será real en nosotros. Espíritu de valentía, de poder, de amor y de dominio propio.

Es un honor poder decirte que esto no es algo exclusivo para unos pocos. Es simplemente lo que ocurre en la vida de un cristiano nacido de nuevo que decide avivar el fuego que Dios ha puesto en él. Lo he visto suceder muchas veces.

¿Podríamos estar hablando de ti?

Yo creo que sí.

No tiene que ver con nada de lo que hayas vivido hasta ahora. No tiene que ver con tu pasado. Tiene que ver con una decisión que puedes tomar hoy y que afectará tu futuro.

La pelota está en tu tejado (o en tu cancha).

TERCERA PARTE

FINALIZAR BIEN

INTRODUCCIÓN

Te lo dije

Cuando tropiezas y te das el resbalón del siglo, no hay nada peor que soportar la mirada de todos los que te advirtieron anticipadamente y verte ahora obligado a reconocer que tenían razón. Bueno, hay algo peor: es cuando además tienes que escuchar el famoso «te lo dije». No sé si es peor el tono o la cara que ponen mientras te lo dicen.

En una ocasión, cuando yo tenía unos veintitrés años, un pastor me entregó una carta personal justo después de un concierto muy bendecido. Yo era joven, me sentía privilegiado y el mensaje de aquella carta me pareció escrito en chino, porque el pastor me advertía con mucho cariño y respeto que, más pronto que tarde, llegarían a mi vida momentos muy difíciles en los que el diablo pondría a prueba mi fidelidad al Señor a través de diversas tentaciones o situaciones complicadas.

En ese momento de mi vida no podía imaginar nada que consiguiera amenazar mi estabilidad espiritual o emocional. Sin embargo, no mucho después tuve que afrontar de golpe una de esas situaciones descritas en capítulos anteriores, en que la llama de mi fuego interior se debilitó grandemente y toda mi euforia espiritual se quedó en interrogantes sin respuesta. En algún momento recordé la carta y fue para mí como un «te lo dije».

El canto del gallo cuando Pedro negó a Jesús fue un momento «te lo dije» para él. No era para menos, porque aquel error de Pedro no fue algo fácil de digerir ni de pasar por alto. Lucas nos dice que «Pedro, saliendo fuera, lloró amargamente» (22:62). No fue un trago fácil, de hecho, su desánimo y su sensación de fracaso fueron tales que después decidió volver a la pesca (Jn 21:3). Es muy importante considerar esto porque tiene un gran significado. Parece que Pedro tomó la decisión de regresar al antiguo estilo de vida que tenía antes de conocer a Jesús, es decir, probablemente sintió que toda su experiencia como discípulo de Cristo solo había sido un paréntesis de tiempo perdido en su vida porque no pudo ser un buen discípulo, quizás nunca debió intentarlo y ahora los hechos lo confirmaban.

Había negado al Maestro.

Probablemente pensó que ya se lo había advertido a Jesús y ahora se confirmaba que tenía toda la razón cuando le dijo que se apartara de él porque era un hombre pecador (Lc 5:8). Jesús nunca debió fiarse de él. Así que llora y llora, amargamente. Supongo que cree con sinceridad que está acabado, que no sirve para ser un discípulo de Cristo, que lo ha echado todo a perder y que su vida se ha acabado. Lo que no sabe es que su vida acaba de empezar y que, por el contrario, Jesús no ha terminado con él. No sabe que aún no hemos visto al mejor Pedro y que en los próximos años sucederán cosas que le convertirán en el primer gran líder del cristianismo, comisionado personalmente por el propio Maestro resucitado a pesar de su estrepitoso fracaso, o a lo mejor precisamente por su estrepitoso fracaso. No sabe todavía que volverá a tener la oportunidad de entregar su vida por su Señor y que en esa ocasión no le negará. Pasará a la historia como un grande.

La historia del fracaso de Pedro es similar a la nuestra porque todos nosotros hemos negado a Jesús en algún momento. Quizá no tan claro y visible como le pasó a él, pero todos le hemos negado de alguna forma. Lo hemos hecho con nuestras decisiones, palabras, hechos y hasta con nuestros silencios. ¿Quién sabe? El caso es que todos sentimos que no somos dignos y que el discipulado es algo demasiado elevado y reservado solo para personas que no fallan. Seguramente lo has pensado alguna vez o a lo mejor te sientes así ahora mismo. Encima resuena en algún lugar de tu cabeza un gran «te lo dije».

Un viejo y sucio gallo cantando fuerte.

Quiero escribir estas palabras precisamente para ti porque es cierto, todos somos Pedro. Pero si somos Pedro en su fracaso, también lo podemos ser en su restauración. ¿Por qué quedarnos solo con su fracaso? ¿Por qué no seguimos leyendo un poco más? El único que no creyó en Pedro fue él mismo. Él fue su peor enemigo con su gran tristeza, su llanto desgarrador y su autoestima por el suelo.

¡Es cierto! Jesús creyó en él. La prueba la testifica el mismo apóstol Juan cuando da cuenta en su Evangelio de que el Maestro se apareció a siete de sus discípulos en la playa del mar de Galilea, justo cuando Pedro decidía volver a la pesca (Jn 21). Aquel encuentro recondujo la vida del pescador y cambió todas sus decisiones, llevándole de nuevo directamente a Jerusalén, al día de Pentecostés, donde sería el primer predicador del Evangelio y el primer líder de la iglesia primitiva.

Pero no solo eso.

Los discípulos también creyeron en él. Sus propios compañeros nunca se lo echaron en cara, aun sabiendo lo que había sucedido. No encontramos ninguna disputa ni ningún reproche por parte de los otros discípulos hacia Pedro. Es evidente que entre los doce siempre existió cierta competencia para el puesto de «líder de la manada», pero ni siquiera Jacobo y Juan, que antes habían intentado conseguir un puesto privilegiado al lado de Jesús, le recriminaron jamás nada a Pedro. Quizá ninguno se atrevió a decir nada porque, en realidad, todos abandonaron al Maestro. Pero podría haber surgido alguna discrepancia porque, si bien es cierto que ellos abandonaron a Jesús por temor, al menos no le negaron tan explícitamente como Pedro.

Pero nadie en la iglesia primitiva cuestionó jamás a Pedro. La iglesia creyó en él. No estamos hablando de que la negación fuera un rumor, era un hecho ampliamente conocido que quedó registrado en los Evangelios. Todos lo sabían, así como sabían de la traición de Judas. Sin embargo, nunca nadie puso en duda el liderazgo de Pedro ni la autenticidad de su ministerio. Al contrario, fue considerado siempre como una columna en la iglesia de Jerusalén (Gá 2:9) y como una autoridad en la iglesia primitiva hasta el día de su martirio. Pedro, más que nadie, es una demostración clara de que efectivamente,

> *...lo débil del mundo escogió Dios, para avergonzar a lo fuerte; y lo vil del mundo y lo menospreciado escogió Dios, y lo que no es, para deshacer lo que es.*
> (1 Corintios 1:27–28)

En otras palabras, Dios es el Dios de las segundas oportunidades. Él no exige perfección de nosotros, solo exige un corazón apasionado por Él, dispuesto a reconocer los errores y aprender de ellos, no a cubrirlos ni naturalizarlos como si fueran normales. No. Él pide un corazón dispuesto al arrepentimiento y a la restauración.

Dios es el Dios de las segundas oportunidades.

Por lo tanto, estamos hablando ahora de finalizar bien. Después de decidirte por Jesús, después de caminar con Él por un tiempo, es posible que algún fracaso importante se haya convertido para ti en un gran «te lo dije» y amenace con impedirte terminar bien. Es como si en el fondo siempre hubieras tenido tus dudas y, finalmente, ha quedado demostrada tu teoría inicial de que esto no es para ti. Si es tu caso, no podrías estar más equivocado. Tu fracaso no te inhabilita. Lo que te inhabilita es que lo normalices, que mires hacia otro lado o que abandones el barco. Recuerda que estás ante el Dios de las segundas oportunidades y que ninguno de nosotros ha alcanzado la perfección ni tiene una hoja de servicios impoluta. Y sin embargo, aquí estamos. Puede que lleves alguna herida, alguna cicatriz más, pero estás aquí.

Vuelve a caminar.

Hablando de caminar y de perfección, regreso al caso de Abraham, cuando Dios le indica que debe andar delante de Él y ser perfecto (Gn 17:1). En otras palabras, no es necesario ser perfecto para poder andar delante de Dios, sino todo lo contrario:

Lo que nos perfecciona
es el proceso de caminar con Él.

Me queda la duda de qué hubiera pasado con Judas si después de traicionar a Jesús se hubiese arrepentido. Digo que me queda la duda porque hablar de esto es pura especulación y no lleva a ninguna parte. Sin embargo, no sería descabellado pensar que Jesús le hubiera perdonado. De hecho, pienso que esa fue la diferencia entre Pedro y Judas: mientras que, ya fuera por vergüenza, por tristeza, por incredulidad o por locura, uno se ahorcó y cerró cualquier posibilidad de un reencuentro con el Maestro, el otro se mantuvo a flote como pudo hasta que Jesús le encontró en aquella playa.

Por lo tanto, ¿qué te hace pensar que tus fracasos del pasado impiden que seas un verdadero discípulo? ¿Eres de los que le han fallado estrepitosamente al Maestro y no crees que haya un remedio para ti? ¿Eres de los que dicen «ya lo intenté y fracasé»? ¿Piensas que tu fallo te descalifica?

Sinceramente, yo nunca pensé que Dios pudiera hacer algo conmigo. Por un lado, por mi propia incapacidad en muchos sentidos, pero, por otro lado, y con mucha más fuerza, por mi convencimiento más sincero de que yo no soy ese tipo de persona que no falla. He fallado a Dios demasiadas veces. Sin embargo, aquí estamos, siempre gracias a Él y a pesar mío. Lo único que hice bien fue seguir creyendo en Jesús, precisamente porque Él siguió creyendo en mí. Aunque yo mismo no creí que nada pudiera salir de mí, Él sí lo creyó porque se basaba en su poder y no en el mío, y siguió comprometido con su obra en mí. No tiró la toalla conmigo, cosa que yo sí hubiera hecho. Si hoy estoy aquí, firme en la fe, es solo por eso. Puedo garantizarte que no será diferente contigo. Dios quiere que lo sepas y que lo tengas en cuenta al escuchar el llamamiento de Jesús al discipulado.

Si tienes la más leve sensación
de que Dios te está hablando personalmente,
no lo dudes,
lo está haciendo.

Según la tradición cristiana recogida en los relatos del historiador Tertuliano y del teólogo Orígenes, ambos del siglo II después de Cristo, Pedro murió en Roma como mártir del evangelio y fue crucificado boca abajo a petición propia, ya que se consideraba indigno de morir de la misma manera que Jesús. Tengo el convencimiento de que cuando extendió sus manos para que las clavaran en la cruz recordó las palabras del Maestro:

> *Cuando eras más joven, te ceñías, e ibas a donde querías; mas cuando ya seas viejo, extenderás tus manos, y te ceñirá otro, y te llevará a donde no quieras.* (Juan 21:18)

Si el canto del gallo fue un «te lo dije» para él, aquel último momento de su vida también lo fue, aunque diferente. El Maestro se lo había dicho y en aquella cruz por fin supo que lo había logrado. Él, el gran fracasado, fue restaurado por Jesús y pudo hacerlo.

Claro que pudo.
¿Por qué tú ibas a ser diferente?

CAPÍTULO 11

La tentación

Como dije en un capítulo anterior, el cristiano nacido de nuevo no queda exento de las tentaciones y creo que esta es una de las mayores dificultades a la hora de caminar con Jesús y terminar bien.

De entrada, no sé por qué muchos nos imaginamos que entregarle la vida al Maestro y ser lleno de su Espíritu Santo elimina de manera inmediata cualquier inclinación carnal. Claro, cuando a la mañana siguiente uno se da cuenta de que el viejo hombre sigue muy vivo en nosotros, llegan la frustración, la decepción y las dudas, como le sucedió a mi padre.[1]

Considero que debemos normalizar el tema de la tentación y no avergonzarnos de reconocer su presencia entre nosotros. Seamos honestos, no seamos como los fariseos. La Biblia nos enseña que cada uno, tanto el creyente como

---

1. Ver la Introducción a la primera parte.

el no creyente, de su propia concupiscencia[2] es atraído y seducido (Stg 1:14), pero esa seducción no es la consumación del pecado, aunque sí es parte de nuestra realidad y de nuestra naturaleza pecaminosa. El pecado se manifiesta cuando cedemos a la tentación y permitimos que sea consumado, ya sea en nuestros pensamientos o en nuestras acciones (Stg 1:15).

Lo que debemos tener muy claro es que los cristianos tenemos herramientas para combatir la tentación y por eso no tenemos por qué negar esa lucha interior. Nadie es menos santo por sufrir tentaciones y nadie es tan santo como para no sufrirlas. Creer eso es ser víctima de un concepto equivocado y de una imagen distorsionada del verdadero cristianismo. Eso puede llevarte a decisiones precipitadas y terminar mal.

> Nadie es menos santo
> por sufrir tentaciones
> y nadie es tan santo como para no sufrirlas.

Tomemos como ejemplo al bueno de Timoteo, a quien Pablo aconseja con estas palabras: «Huye también de las pasiones juveniles, y sigue la justicia, la fe, el amor y la paz, con los que de corazón limpio invocan al Señor» (2 Ti 2:22). Si Pablo le está aconsejando que huya es porque reconoce que de algún modo las pasiones juveniles tienen un poder de atracción sobre él. Le hostigan porque es humano, es

---

2. El diccionario define la concupiscencia como «deseo de bienes terrenos y, en especial, apetito desordenado de placeres deshonestos» (RAE).

joven, pero ser joven no es malo. Es muy importante notar que Pablo no regaña a Timoteo por sentirse atraído o perseguido por ellas, sino que le aconseja que huya de ellas. Por lo tanto, está dando por supuesta una situación de tentación en la vida de Timoteo que de ninguna manera le inhabilita para servir a Jesucristo.

Solo necesita consejo, no reprensión.

Lo que pasa es que, por lo general, no nos gusta la idea de huir. No parece muy popular, y mucho menos espiritual. Creemos que lo espiritual es reprender, levantar la cabeza y que nada de este mundo nos afecte. ¿Quién nos ha metido esa idea en la mente? Hemos creído que una persona que realmente está en Cristo debe enfrentar el mal, no huir del mal. Esto se debe a que pensamos que eso es ser valiente: afrontar siempre todo y no salir corriendo. Tales pensamientos hacen que nos dejemos impresionar por personas que vocean mucho, reprenden todo lo que se pueda reprender desde los púlpitos y alardean de valentía espiritual. Después nos asombramos cuando estas mismas personas son sorprendidas en caídas vergonzosas que traen vituperio al evangelio y al nombre de Cristo.

Lamento discrepar de esa supuesta valentía espiritual que reprende a gritos pero nunca huye. El consejo de Pablo es huir, y el ejemplo bíblico más claro es el episodio de José con la esposa de Potifar (Gn 39). José no conocía la recomendación de Pablo, pero la sabiduría de Dios y su propia integridad le protegieron y evitaron que cayera en pecado.

Aun así, las consecuencias no fueron nada agradables al ser echado en la cárcel, sufrir el desprecio de Potifar y el rechazo social. Esa parte no nos gusta demasiado, pero así fue la historia. José permaneció fiel a Dios al huir, a pesar de acabar preso. Cuando hablamos de José, hablamos siempre de su castidad, pero nunca hablamos de que posiblemente se haya sentido halagado por el interés de la esposa de Potifar y que por eso mismo fue una situación tentadora para él.

¿Qué decir de Jesús? La Palabra afirma que fue tentado en todo, pero sin pecado (Heb 4:15). Realmente nos cuesta mucho aceptar la idea de que Jesús fuera tentado «en todo». Sin embargo, la Escritura es muy clara al respecto. Por lo tanto, sería absurdo que pretendamos estar por encima de las tentaciones. Lo sabio es reconocer que las tenemos y aceptar el consejo bíblico de que debemos huir de ellas, tal como huyó José y como Pablo aconseja a Timoteo.

LA DOBLE ACCIÓN

¿Cómo puede Timoteo huir de la tentación?
¿Cómo puedo hacerlo yo?

Las indicaciones que da Pablo tienen mucho que ver con algo que yo denomino «la doble acción». La frase contiene dos instrucciones:

La *primera* es «huir de» una serie de cosas.

La *segunda* es «seguir» o «perseguir» otra serie de cosas.

Por un lado, Timoteo necesita huir de las pasiones juveniles, pero, por el otro lado, necesita seguir las virtudes cristianas como la justicia, la fe, el amor y la paz. No es suficiente con huir de lo que nos hace caer, también hay que perseguir aquello que sí conviene. No es suficiente con vaciarnos de lo perjudicial, necesitamos igualmente llenarnos de lo que es valioso. Además, no debemos hacerlo solos, sino en compañía de todos los que «de corazón limpio invocan al Señor», es decir, los hermanos en Cristo; una vez más, la iglesia.

Esto no es solamente de Pablo para Timoteo. Podemos encontrar esta doble acción en diferentes pasajes del Nuevo Testamento. Por ejemplo, Pablo dice en su carta a los efesios:

> *En cuanto a la pasada manera de vivir, despojaos del viejo hombre, que está viciado conforme a los deseos engañosos, y renovaos en el espíritu de vuestra mente, y vestíos del nuevo hombre, creado según Dios en la justicia y santidad de la verdad.* (4:22–24)

No basta con despojarnos de lo malo, sino que necesitamos renovarnos y vestirnos de otras cosas buenas. En su carta a los de Colosas, el mismo apóstol Pablo vuelve a recomendar la doble acción al decirle a la iglesia que debe abandonar ciertas cosas relacionadas con su pasada manera de vivir y vestirse como escogidos de Dios (3:12). Del mismo modo, en su carta a los Romanos leemos: «No os conforméis a este siglo, sino transformaos por medio de la renovación de vuestro entendimiento...» (12:2). Constantemente vemos la doble acción que se observa en el consejo bíblico: por un lado, huir o despojarse de las cosas que tienen que ver con la naturaleza antigua y, por otro, perseguir, o vestirse o renovarse con las características de la naturaleza nueva.

El nuevo nacimiento no elimina la tentación de nuestra vida.

El discipulado tampoco.

Pero ambos sí nos capacitan para escoger seguir otro impulso que ha nacido en nosotros en el mismo instante en que hemos recibido a Jesús. Tenemos la capacidad que antes no teníamos de huir y decir:

«NO» al pecado

y «SÍ» a las virtudes espirituales.

No será fácil ni estará exento de lucha, caídas y errores, pero tenemos la opción de escoger y de resistir en el nombre de Jesús. En ocasiones, esa resistencia consistirá fundamentalmente en apartarnos y huir para perseguir y llenar nuestra mente de otro tipo de pensamientos que están ahora a nuestra disposición. Por supuesto, también tenemos la opción contraria: acallar la voz del Espíritu Santo en nosotros, contristarle y decidir seguir los impulsos de nuestra vieja naturaleza.

Por eso yo sostengo que, si hoy podemos decir AQUÍ ESTAMOS, es por dos razones:

- Primero, por la gracia de Dios que nos sostuvo y nos trajo hasta aquí.
- Segundo, por las decisiones que tomamos a diario.

Dios nunca nos forzará a seguirle, pero nos capacitará para hacerlo con garantías. Pero ¿abandonar el cristianismo porque seguimos siendo tentados o por haber sufrido tropiezos o derrotas?

¿En serio?

Juan ya era anciano cuando presentó una descripción de las cosas que tientan al ser humano: «Porque todo lo que hay en el mundo, los deseos de la carne, los deseos de los ojos, y la vanagloria de la vida, no proviene del Padre, sino del mundo» (1 Jn 2:16). En otras palabras, él menciona tres cosas:

- Los deseos de la carne (comida, bebida, sustancias, sexualidad...)
- Los deseos de los ojos (apariencia, dinero, posesiones...)
- La vanagloria de la vida (fama, éxito, poder...)

Si aún no lo sabes, quiero decirte que no existe un solo ser humano que sea inmune a estos tres aspectos. Todos somos tentados en mayor o menor medida por una o más de estas cosas. Yo confieso no estar exento de tentaciones en cualquiera de estas tres áreas. Sin embargo, ésta confesión no me hace más impío ni más santo que otro. Simplemente somos personas, hombres y mujeres, creados a imagen y semejanza de Dios, que vivimos en un mundo caído y estamos expuestos a la tentación.

Cuando nacemos de nuevo seguimos estando expuestos a estas tentaciones. Pero ahora, en Cristo, por el poder de su Espíritu Santo, podemos (claro que podemos), tenemos la opción de reaccionar y huir de estas tentaciones para perseguir la justicia, la fe, el amor y la paz con todos los que de corazón limpio invocan al Señor (2 Ti 2:22). Por supuesto, con el tiempo, nuestros músculos espirituales ganan fortaleza y envergadura, pero nunca tanto como para que podamos afirmar que estamos exentos de tentaciones o para que no tengamos que cuidarnos.

Quisiera entregarte cinco claves que a lo largo de mi vida me han ayudado personalmente (y me siguen ayudando) a poner en funcionamiento la doble acción, es decir, a huir de la tentación y a perseguir aquello que Dios quiere para mí:

1. *El cuidado de mi vida devocional.* Esto es algo que aprendí desde que tengo memoria, pero que en los últimos años de mi vida ha cobrado una dimensión mucho mayor, hasta el punto de convertirse en un elemento fundamental y que solo me ha traído beneficios espirituales. Hablo de seleccionar un tiempo diario para apartarme de todo y acercarme a Dios en oración y a través de su Palabra. No significa que si un día fallo iré al infierno, no es una ley como en los tiempos de Moisés. Pero cuando fallo lo noto, lo necesito, me falta y tengo que recuperarlo porque, de lo contrario, me pasa factura.

2. *La búsqueda de la Palabra de Dios.* En mi caso personal, todo comenzó con una actitud de curiosidad que con el tiempo se convirtió en un privilegio y finalmente en una pasión habitual y un enamoramiento. No puedo vivir sin la Palabra de Dios. Es mi norma de vida y mi manual de instrucciones y aprendizaje.

Es la voz de Dios para mí. En los peores momentos de mi vida ha sido la que me ha sostenido sobre mis pies.

3. *El estudio y el reciclaje personal.* Por motivos de tiempo, no tengo la ocasión de asistir a todos los eventos o seminarios que me gustaría. Pero he aprendido a leer en abundancia y trato de aprender periódicamente de todos los campos que creo que pueden aportar algo positivo a mi vida espiritual. También en campos seculares como la oratoria, la música, la psicología, la literatura, etc., me aporta mucho no quedarme estancado en cuatro conceptos básicos e ir avanzando de acuerdo con los tiempos que vivimos.

4. *Relaciones sanas.* Dice el refrán: «Dime con quién andas y te diré quién eres». Dios me ha provisto de amigos verdaderos que me rodean. Gente que me quiere como soy y tiene el compromiso de no abandonarme, pero que, al mismo tiempo, son como aquel Natán para David (2 S 12). Ellos no tienen problemas para decirme aquello que no quiero escuchar. Entre ellos cuento a mi esposa que, lógicamente, es mucho más que un simple amigo. Nunca podré agradecer lo suficiente a Dios por ella.

5. *Rendir cuentas.* He aprendido a rendir cuentas de lo que hago. No puedo vivir sin una persona o dos a quienes informo de todo lo que hago y de mis intimidades. Ellos tienen permiso para preguntarme lo que quieran. Si no lo hago, corro el riesgo de meterme en

mi propio mundo y aislarme. El aislamiento haría que me permitiera a mí mismo cosas que no debería.

¿A dónde quiero llegar con todo esto? Simplemente a afirmar, al final de este capítulo, que no conozco ni creo que conoceré jamás a ningún cristiano que viva exento de algún tipo de tentación. Pero eso no significa simplemente que «nadie es perfecto». Hay quien se conforma con esa frase.

¡Qué bien! «¡Nadie es perfecto!».

No te conformes con esa afirmación.

El conformismo no es digno de tu llamamiento. Si quieres pensar que nadie es perfecto, hazlo cuando te refieras a los pecados de otros. Aprende a tener misericordia. Pero no te conformes cuando te estés analizando a ti mismo.

¿Qué significa que nadie está exento de algún tipo de tentación? Para mí significa que «nadie tiene excusa». En primer lugar, nadie tiene excusa en cuanto al discipulado. Todos hemos sido llamados y nadie debería decir que no puede seguir a Jesús en el camino por el hecho de sufrir tentaciones. En segundo lugar, nadie tiene excusa en cuanto a la necesidad de la doble acción en su vida. Todos necesitamos «huir» de ciertas cosas y «perseguir» otras. Eso no sucede sin tomar en serio el discipulado.

El discipulado cristiano no es ni será nunca una senda exclusiva para un cierto número limitado de privilegiados. Al contrario, es para todos. La promesa de fuego interior que nos capacita para un cristianismo activo es para todos nosotros, para nuestros hijos y para todos los que están lejos; para cuantos el Señor nuestro Dios llamare (Hch 2:39).

De modo que, si has fallado a Dios por ceder a tus tentaciones, no significa que no puedas seguirle. Tampoco significa
que nunca más fallarás.

Vuelve a empezar.

Irá mejor.

Aprenderás.

Levántate.

Termina bien.

Por más que tengas tentaciones, si Él te llama, tú también
puedes seguirle. Termina bien, igual que el eunuco en el ca-
rro junto a Felipe que preguntó si podía obedecer al Señor
en ese mismo momento en el mandamiento del bautismo.
Él dijo: «¿Qué impide...?».

A pesar de las tentaciones,

si crees de todo corazón,

bien puedes.

CAPÍTULO 12

El testimonio

Recuerdo con frecuencia una escena de mi infancia que se repetía periódicamente en casa. Mi padre era el pastor de una pequeña iglesia y de vez en cuando el grupo de jóvenes organizaba una salida al campo para pasar el día juntos. Cualquier excusa era buena: un fin de semana largo o un día festivo. Éramos niños y disfrutábamos esos días de manera especial, pero en casa siempre había una ceremonia antes de salir: mi padre nos reunía a los tres hermanos y nos daba una serie de instrucciones que sonaban más o menos así:

Si hay alguna situación violenta, vosotros os encargáis de poner paz; si alguien está solo, vosotros os ocupáis de que no esté solo; si surgen diferencias de opinión y discusiones, vosotros calláis y perdéis, no vale la pena discutir y sí vale la pena preservar la unidad y ser ejemplo de humildad.

Siempre traté de seguir esas indicaciones y honrar lo que mi padre pedía. Así fue como aprendí desde niño la importancia del buen testimonio. Ya siendo adulto, he pensado muchas veces que mi padre puso sobre mis hombros una carga demasiado pesada para un niño. Sin embargo, por otro lado, también reconozco que aprendí a pensar más en los demás que en mí mismo, aunque por dentro no estaba para nada convencido de que mi aporte pudiera producir algo positivo en el grupo. Al fin y al cabo, yo era solo un niño y había personas que tenían mucha más influencia que yo. Permíteme citar lo que Pablo le aconseja a Timoteo:

Ninguno tenga en poco tu juventud, sino sé ejemplo de los creyentes en palabra, conducta, amor, espíritu, fe y pureza. Entre tanto que voy, ocúpate en la lectura, la exhortación y la enseñanza. No descuides el don que hay en ti, que te fue dado mediante profecía con la imposición de las manos del presbiterio. Ocúpate en estas cosas; permanece en ellas, para que tu aprovechamiento sea manifiesto a todos. Ten cuidado de ti mismo y de la doctrina; persiste en ello, pues haciendo esto, te salvarás a ti mismo y a los que te oyeren. (1 Timoteo 4:12–16)

Podría creer que Timoteo luchaba con esa misma sensación de incapacidad. Sinceramente, pienso que quizás nunca se creyó digno de ocupar el lugar para el que Pablo lo había ordenado (1 Ti 4:14). Lo creo porque me identifico mucho con el mismo sentimiento. Es lo que sentía yo cuando mi padre me pedía que actuara de manera particular entre el grupo de jóvenes. Más aún, cuando fui nombrado pastor de la iglesia, que sigo pastoreando hasta hoy por la misericordia del Señor, tenía veintiséis años y heredé un cuerpo de ancianos que me había visto crecer en la iglesia, en muchas ocasiones sentado sobre sus piernas. Mis primeros años de pastorado estuvieron cargados de una sensación de incompetencia que hasta la fecha nunca me ha abandonado del todo. Es verdad que he adquirido cierta experiencia, pero sigo luchando contra ese sentimiento. En aquel entonces, se debía a que era muy joven, y ahora, a que veo a muchos colaboradores fieles con unas capacidades increíbles que yo no tengo. Reconocer sus dones y talentos me abre la mente porque nunca dejo de pedir consejo a aquellos que Dios ha puesto a mi alrededor, y siempre me dispongo a escuchar con atención sus observaciones antes de tomar una decisión.

Pero aún con esa lucha interior, hay algo de lo que estoy convencido. Sé que, más allá de mi edad o mis capacidades, Dios me ha puesto en un lugar en el cual tengo que ser ejemplo para los demás porque eso es lo que Él pide de mí. Resuena en mi cabeza otra frase que solía repetir mi padre:

> Hay cosas que no las puedo enseñar de palabra, pero sí de hecho, a través de mi conducta.

A eso lo llamamos testimonio y lo encontramos constantemente como un aval personal muy importante en la iglesia primitiva. Por ejemplo, en la elección de los diáconos para una distribución equitativa de los alimentos entre las viudas griegas y las hebreas, el requisito no era poseer cualidades organizativas, sino tener buen testimonio y estar llenos del Espíritu Santo y de sabiduría (Hch 6:3). El propio Timoteo, cuando Pablo lo escogió como discípulo, era un joven del que no tenemos más información que su buen testimonio (Hch 16:2). Del mismo modo, para la elección de obispos, uno de los requisitos que Pablo establece es el buen testimonio (1 Ti 3.7). De igual manera, se requería buen testimonio de las viudas seleccionadas para recibir ayuda de la iglesia (1 Ti 5:10). Y el autor de Hebreos nos dice que los héroes de la fe alcanzaron buen testimonio (Heb 11).

En definitiva, el testimonio es un requisito fundamental que se menciona como un requerimiento cristiano constante en el Nuevo Testamento, y no es por casualidad. Eso es justamente lo que Jesús dio a entender cuando, hablando de los fariseos, dijo que era bueno escucharlos y aprender de sus enseñanzas, pero no seguir su ejemplo, porque eran personas que «dicen, y no hacen» (Mt 23:3). Esa es la razón fundamental para la constante acusación de hipocresía contra ellos.

Sé ejemplo.

Muestra tu ejemplo a unos y a otros.

Sin embargo, para lo que nos ocupa, creo que lo más importante no es obtener la reputación que nos da tener un buen testimonio. Lo que verdaderamente me llama la atención es que Pablo plantea a Timoteo el buen testimonio como el antídoto contra el menosprecio de los demás. Literalmente le dice que, ante el desprecio de aquellos que le consideran demasiado joven o inexperto, la estrategia es el buen testimonio. No le dice que se prepare bien o que se entrene en ciertas disciplinas (aunque después sí le da muchos consejos), sino que, de entrada, contra los desaires y la propia autoestima baja, la solución que propone es el buen testimonio. Sé ejemplo. Muestra tu ejemplo a unos y a otros. No cierres sus bocas con tus respuestas ni con tus habilidades, sino con tu ejemplo.

¿Qué tipo de ejemplo? ¿En qué concretamente? Mira el pasaje, Pablo menciona seis cosas:

1. En *palabra*.– El cuidado de lo que hablas y la atención especial en tu manera de expresarte, sabiendo que las palabras pueden confundir o guiar, destruir o edificar, sanar o matar.

2. *conducta*.– Cuidar tu modo de comportarte y reaccionar ante las cosas de la vida. Las circunstancias no siempre son lo que desearías. Cómo te comportas cuando recibes noticias que no esperabas y cómo manejas las situaciones complicadas, las crisis y los obstáculos, sea frente a situaciones o a personas, es lo que constituye y muestra a todos tu comportamiento.

3. *amor*.– Abarca toda tu manera de relacionarte con los demás. La tendencia humana es siempre hacer algún tipo de acepción de personas. Pero Jesús hizo exactamente lo contrario. En su caso, todo el mundo quería estar con Él porque desprendía amor sincero y aceptación para todos por igual.

4. *espíritu*.– La palabra en griego aparece con minúscula, por lo tanto, no se refiere al Espíritu de Dios, sino al espíritu humano, el del propio Timoteo. Estamos hablando de las inclinaciones emocionales de una persona, el alma, especialmente las tendencias positivas o negativas hacia Dios. Tiene que ver con la actitud con que uno hace las cosas.

5. *fe.*– La certeza de lo que se espera y la convicción de lo que no se ve (Heb 11:1). Ser ejemplo en fe indica transmitir a otros esa confianza inamovible en el evangelio de Jesucristo, en sus palabras y en sus promesas, venga lo que venga. Y...

6. *pureza.*– Esta palabra en la carta de Pablo apunta a la moralidad. Se trata de un tema de importancia en este tiempo, cuando, por desgracia, tenemos que salir a dar explicaciones por casos de inmoralidad sexual o financiera (sexo y dinero), abusos, desfalcos, estafas y engaño con el ministerio cristiano como telón de fondo, trayendo menosprecio al nombre de Jesucristo. Los cristianos contemporáneos no luchamos únicamente contra una sociedad que tiene su propio convencimiento de la verdad, sino contra una sociedad que usa como arma arrojadiza contra nosotros los casos concretos de mal testimonio en cuestiones de pureza entre nuestras propias filas. Por eso es tan importante el ejemplo en este tema. Pablo ya se lo había advertido a Timoteo y no debemos perderlo de vista en nuestro tiempo.

Pablo recomienda otras cosas a Timoteo que también le ayudarán a mantener un testimonio limpio. Todas son dignas de consideración y de estudio. Te recomiendo que hagas una lista con ellas:

- El estudio.
- La exhortación.
- La enseñanza.

- No descuidar el don dado por Dios.
- Tener cuidado de uno mismo.
- Persistir en todo.

El fin de todo este cuidado personal es que «su aprovechamiento sea manifiesto a todos» y todo tiene que ver con su testimonio. Es sumamente interesante que, aunque le importa la reputación de Timoteo, está aconsejándole todo esto como un antídoto poderoso contra aquellos que hablan mal de él o le menosprecian por su incompetencia o juventud. La recomendación es simplemente ser ejemplo, y le informa de que ese será su aval:

No te preocupes ni te defiendas.

Solo sé ejemplo y Dios te defenderá.

Insisto en la importancia de este punto porque hoy más que nunca, con tantos casos de abuso sexual, abuso doméstico, abuso espiritual, pedofilia, pederastia, malversación económica y tantos males y perversidades más, necesitamos imperiosamente mostrar al mundo que los que predicamos el evangelio no somos los nuevos fariseos, esos de los que Jesús dijo que enseñaban bien, pero no eran modelos a seguir porque decían y no hacían.

Es lamentable que estas acusaciones, algunas de ellas demostradísimas, son exactamente lo que cabría esperar de esta sociedad sin Dios, pero no de la iglesia o de los ministros del evangelio que supuestamente representan a Jesús. Peor aún son los casos de cristianos que han normalizado el pecado y lo practican deliberadamente, pero se atreven a seguir predicando el evangelio proclamando a los cuatro vientos que ciertas prácticas condenadas por las Escrituras ya no son consideradas pecado y que se debe «contextualizar» el mensaje.

Esto último es aún peor porque una cosa es tropezar y caer (para lo cual hay perdón y una nueva oportunidad cuando existe arrepentimiento, un reconocimiento del error cometido y restauración), pero otra cosa es retorcer la verdad e inventar un nuevo evangelio adaptado a mi estilo pecaminoso de vida para así autorizarme a seguir practicando el pecado cómodamente sobre una nueva interpretación teológica o una supuesta revelación espiritual. No hay justificación para algo así, ni en la tierra ni en el mar ni en el aire. Desde luego, no la habrá aquel día ante el Trono de Dios. Jesús murió para librarnos del poder del pecado, no para autorizarnos a seguir pecando tranquilamente mientras nos apoyamos sobre el mensaje de una gracia mal entendida y mal interpretada.

El buen testimonio no se consigue con predicación, sino con la conducta del día a día.

Este tema del buen testimonio no es algo que se consiga con la predicación desde los púlpitos, sino con la conducta del día a día. La predicación es lo que proclamo con mis palabras, mis habilidades son los dones que Dios me ha dado, pero el testimonio es lo que mis acciones y mi vida proclaman independientemente de mis palabras o habilidades, lo que otros ven en mí y dicen de mí con verdad.

La forma de callar las malas lenguas no es con mis respuestas verbales ni mis cualidades, sino con mi conducta diaria. A eso lo llamamos testimonio. Ese será nuestro mayor aval siempre.

Descuidar nuestro testimonio puede llevarnos a que, habiendo comenzado bien, terminemos mal.

Cuando pienso en mi propia historia y en las palabras de mi padre, que fueron para mí siempre como una mochila cargada en la espalda desde niño, me doy cuenta de que también es posible caerse del caballo por el otro lado. Se puede vivir en un legalismo contrario a la enseñanza de Jesús, poniendo demasiado énfasis en ciertas conductas y prácticas, mientras se pierde parte de esa libertad maravillosa a la que Jesús nos ha llamado, esa libertad gloriosa de los hijos de Dios (Ro 8:21). Yo tengo que luchar siempre contra el legalismo y recordarme a mí mismo lo siguiente:

No puedo aportar nada a mi propia salvación.

El mensaje de la gracia es real.

Es farisaico imponer a otros ciertas cargas que yo mismo no soy capaz de mover.

Pero esa es otra batalla. Estoy totalmente de acuerdo en que necesitamos encontrar el equilibrio, claro que sí, pero no podremos mantener un discipulado acorde con las enseñanzas de Jesús si no renunciamos a cosas que teóricamente nos corresponderían por derecho. Ya vimos esto en el capítulo dos. Creo que ocuparnos con sinceridad de nuestro testimonio no es más que tomarnos muy en serio el llamamiento de Jesús y renunciar a ciertas libertades que teóricamente nos serían lícitas.

Para mí es un tema que quedó grabado a fuego en mi corazón desde pequeño y siempre lo he tenido muy presente. Quizá en ocasiones me llevó a exagerar, pero también me protegió grandemente.

Entonces, si sientes que no posees la reputación que hay que tener para seguir a Jesús como un discípulo, haciendo discípulos para Él y obedeciendo a su llamamiento, mi recomendación para ti es la misma que le hizo Pablo a Timoteo:

Sé ejemplo.

Para todos, para los que te quieren y para los que te desprecian. Tanto para los que te valoran y admiran como para aquellos que te consideran de segunda o tercera categoría. No necesitas defenderte ni demostrar nada por tus propias fuerzas. Pero hazlo ya, desde el anonimato. Dedícate a cultivar tu testimonio en los aspectos mencionados por el apóstol: palabra, conducta, amor, espíritu, fe y pureza. Porque será tu propio testimonio lo que cerrará las bocas de tus detractores y te llevará naturalmente a otro nivel.

Evidentemente, el buen testimonio no es una estrategia, sino el resultado natural de una relación sana con Dios y de una vida espiritual rica y saludable. Siempre el comienzo será amar más y más a Jesús, como decíamos en el capítulo ocho. Los comportamientos impostados y forzados nunca funcionan y, a la larga, siempre terminan dañando a alguien y trayendo más dolor que sanidad.

Sin embargo, si has decidido seguir a Jesús y las cosas no terminan de funcionar, si estás considerando el abandono, te invito a que te detengas por un momento. Puede que este sea uno de los obstáculos.

Trabaja en tu testimonio.

Sinceramente, pienso que perdemos demasiado tiempo tratando de demostrar aptitudes de manera equivocada. Tu ministerio no se basa en tus cualidades. Puedes tener unos dones envidiables, pero no tendrás credibilidad a menos que permitas a Jesús transformar tu carácter y cultives un buen testimonio. Vivimos tiempos de currículums, premios, *likes*, seguidores en las redes, talentos y dones, aspectos importantes y valiosos cuando los sabemos poner en el contexto correcto. Demasiadas veces tratamos de acumular este tipo de cualidades como tarjeta de presentación y descuidamos lo principal. Pero resulta que ninguna de estas cosas sustituye al carácter cristiano que se demuestra en el testimonio visible. Recuerda que el testimonio tiene que ver con lo que dicen de ti las personas que te rodean, no con lo que tú piensas de ti mismo. Poco importa que yo diga que soy amable, si las personas que me conocen dicen que soy un cardo silvestre.

El testimonio es lo que las personas dicen de ti,
no lo que piensas de ti.

Así que plantéatelo hoy sinceramente. Si has fallado hasta ahora en el tema del testimonio, no te excuses como los convidados a la gran cena (Lc 14:15–24). Deja de justificar tu manera de ser como si Jesús no tuviera el poder de transformar tu carácter o no funcionara contigo. Sé sincero y considera que algo estarás haciendo mal. Tómatelo en serio y comienza de nuevo. Jesús te sigue llamando y te vuelve a dar la oportunidad. Puede que te lleve un tiempo interiorizarlo, pero es posible corregir el rumbo de un barco en marcha.

Quizá lo que necesites, en lugar de renunciar al discipulado, sea simplemente un tiempo de silencio para ti. Incluso si las acusaciones son falsas. Tu defensa no está en las palabras. Toma tiempo para estar a los pies de Jesús, como María (Lc 10:42), y recibir la mejor parte, esa que nunca te será quitada. A lo mejor toca salir de los focos y cultivar tu relación con el Maestro, reciclar tu vida y volver a la palestra con fuerza renovada, con autenticidad y habiendo crecido.

Es mejor hacer un paréntesis y ser transformados a la luz de la Palabra de Dios que abandonar.

Desde luego, es mucho peor mantener un mal testimonio por cabezonería.

Detente.

Recapitula.

Examínate.

No pasa nada.

Puedes hacerlo.

El testimonio se construye desde el silencio.

Es parte de la renuncia del discipulado. Si Jesús te ha llamado, tómalo en serio y cuando pasen los años serán otros los que digan de ti: «Aquí está... aquí sigue...», y tu testimonio será tu aval. Y ni siquiera te goces por eso. Gózate de poder mirar un día cara a cara al Rey y escucharle decir:

«Bien, buen siervo y fiel...».

(Mt 25.21)

CAPÍTULO 13

Contentamiento

El tema de este capítulo es más importante de lo que parece a simple vista. Es tan básico que hasta resultará superficial para algunos. Sin embargo, estoy convencido de que puede ser la llave para el despertar espiritual de muchos discípulos abatidos y a punto del abandono: hablamos de la recuperación del contentamiento.

El significado de esta palabra es muy evidente, pero también es un término muy poco usado en el lenguaje cristiano actual. No suena muy espiritual a nuestros oídos y no lo escuchamos mucho. Para comprenderlo bien prefiero ir directo a la Biblia, concretamente al último capítulo de la primera carta de Pablo a Timoteo, que me parece un tratado explícito en contra de la teología de la prosperidad. Vale la pena reproducir los primeros diez versículos:

Todos los que están bajo el yugo de esclavitud, tengan a sus amos por dignos de todo honor, para que no sea blasfemado el nombre de Dios y la doctrina.

Y los que tienen amos creyentes, no los tengan en menos por ser hermanos, sino sírvanles mejor, por cuanto son creyentes y amados los que se benefician de su buen servicio. Esto enseña y exhorta.

Si alguno enseña otra cosa, y no se conforma a las sanas palabras de nuestro Señor Jesucristo, y a la doctrina que es conforme a la piedad, está envanecido, nada sabe, y delira acerca de cuestiones y contiendas de palabras, de las cuales nacen envidias, pleitos, blasfemias, malas sospechas, disputas necias de hombres corruptos de entendimiento y privados de la verdad, que toman la piedad como fuente de ganancia; apártate de los tales.

Pero gran ganancia es la piedad acompañada de contentamiento; porque nada hemos traído a este mundo, y sin duda nada podremos sacar. Así que, teniendo sustento y abrigo, estemos contentos con esto. Porque los que quieren enriquecerse caen en tentación y lazo, y en muchas codicias necias y dañosas, que hunden a los hombres en destrucción y perdición; porque raíz de todos los males es el amor al dinero, el cual codiciando algunos, se extraviaron de la fe, y fueron traspasados de muchos dolores.

(1 Timoteo 6:1–10)

Si alguien advirtió contra la codicia y el deseo de atesorar riquezas terrenales, ese fue el apóstol Pablo. Sinceramente, no comprendo cómo se puede citar a Pablo para justificar la teología de la prosperidad. Entiendo ese mensaje de que el Señor quiere que sus hijos prosperen y que todas las demás cosas nos serán añadidas si buscamos primeramente el reino de Dios y su justicia (Mt 6:33), pero lo que no entiendo es cómo se ha manipulado tanto el sentido de estas palabras, llegando a decir que si buscamos a Dios de cierta forma obtendremos riquezas terrenales, o que la señal inequívoca de bendición espiritual es la prosperidad económica, y viceversa. Eso es torcer la verdad deliberadamente y promover el pecado de codicia hasta convertirlo en virtud.

Lo que sí dijo claramente Jesús es que no debemos afanarnos por las necesidades básicas como el alimento o el vestido, ni convertir ninguna de estas cosas en el motor que da sentido a nuestra vida. También dijo que, si priorizamos la búsqueda de Dios y su santa voluntad para nosotros, Él se encargará de que no nos falte nada esencial. Es el antiguo principio expresado por David: «Jehová es mi pastor; nada me faltará» (Sal 23:1). Pero no habla de riquezas ni de opulencia u ostentación, sino de que estarán cubiertas las necesidades básicas. No se refiere a lujos ni excentricidades. Al contrario, tal y como hemos visto en capítulos anteriores, Jesús les exige de entrada a todos los que le siguen que estén dispuestos a renunciar a estas cosas. Como dije al inicio del capítulo, creo que la ausencia de enseñanza sobre el contentamiento es otro de los grandes hurtos que ha sufrido la cristiandad durante los últimos años en Occidente. El resultado ha sido una triste desviación del enfoque evangélico.

Contentamiento quiere decir satisfacción, especialmente la que resulta en una aceptación positiva de la situación personal en la vida, sea la que sea. Si de verdad deseamos interpretar este concepto correctamente, reconoceremos que no se trata de tener una actitud optimista, confiando en que las cosas mejorarán; eso podría ser fe o esperanza.

Contentamiento no es ni siquiera esa idea de «al mal tiempo, buena cara»; eso podría ser pensamiento positivo u optimismo.

Contentamiento es explícitamente conformidad, satisfacción y alegría inocente en medio de la circunstancia concreta que uno vive, sea cual sea. Esto es lo que dice Pablo cuando se dirige a la iglesia en Filipos diciendo:

> ... *he aprendido a contentarme, cualquiera que sea mi situación. Sé vivir humildemente, y sé tener abundancia; en todo y por todo estoy enseñado, así para estar saciado como para tener hambre, así para tener abundancia como para padecer necesidad. Todo lo puedo en Cristo que me fortalece.* (Filipenses 4:11–13)

¿Cómo se puede interpretar y construir una teología de la prosperidad después de leer estas palabras? Uno debería ignorar o tergiversar deliberadamente estas palabras para poder lograrlo. Lamentablemente, en el cristianismo moderno, la idea del contentamiento se ha asociado con falta de fe. Como decía, es un concepto que ya ni siquiera nos suena espiritual. Es como el «huir» de las pasiones juveniles... «¿Huir? —se pregunta el creyente moderno— ¿Cómo va a huir un cristiano?».

Mucha de la filosofía cristiana de nuestro tiempo está tan orientada hacia el bienestar terrenal que se predica más sobre cómo reprender que sobre el contentamiento. Se enseña que la fe auténtica es la que mueve montañas y si no se mueven es porque nos falta fe y poder. Ese tipo de mensaje y lenguaje sí que nos parece espiritual. Pero poco escuchamos de escalar la montaña escarpada y peligrosa con un corazón agradecido a Dios, como David mientras huía de Saul por su vida y escribía el salmo 142. Hoy se proclama que un verdadero cristiano camina siempre sobre las aguas o, si no, las parte en dos como Moisés en Éxodo. Muy poco escuchamos de mojarse y aprender a nadar como Pablo en Hechos 27 y madurar en el proceso, experimentando que Dios está con nosotros todo el tiempo, protegiéndonos y enseñándonos a luchar con los obstáculos que se nos presentan en el camino.

Este pensamiento de prosperidad, aunque no se predique explícitamente en todos los lugares, sí que ha llegado a formar parte de nuestra mentalidad cristiana general y, si nos descuidamos, se podría convertir en uno de esos deslices que podemos experimentar a lo largo del discipulado. Es mortal y nos puede comer la cabeza como un gran y sonoro «te lo dije» que nos roba toda la energía, nos hunde en el descontento y termina paralizándonos.

De pronto, llegamos a un momento en la vida en que nos sentimos descontentos con nuestra situación y nos frustramos, como si en el fondo tuviéramos que reconocer que siempre supimos que esto no funcionaría. Así, el diablo nos convence de que realmente no podemos ser discípulos de Jesús o que nos equivocamos en la elección, que nunca lo quisimos y ahora estamos condenados a sufrir las consecuencias. Nos lleva a preguntarnos: *¿En qué estaría yo pensando cuando dije SÍ a este estilo de vida?*

El proceso de caída es sencillo. Comenzamos renunciando a todo por el Maestro, pero en el camino, por algún motivo, perdemos el contentamiento. Puede ser muy sutil, algo tan insignificante como, por ejemplo, un simple deseo oculto, una sensación de rutina o el atractivo de un estilo de vida diferente. Puede darse al prestar demasiada atención al bienestar terrenal o la abundancia que disfrutan otros y, sin notarlo, empezar a codiciar en algún pequeño rincón de nuestro corazón lo que ellos tienen y a nosotros nos falta. Cuando esto pasa (insisto, mucho más fácilmente de lo que quisiéramos, por el simple hecho inconsciente de apartar un poquito la mirada de Jesús) es muy común que el discípulo caiga en desánimo, autocompasión, frustración e incluso depresión. A veces ni siquiera sabe cómo o en qué momento empezó. Escribo esto porque conozco varios casos de *burn out* (agotamiento extremo) en pastores y ministros del evangelio, y me atrevería a decir que todos ellos son personas fieles, honestas, responsables, que siguen a Jesús con gran convencimiento, pero que en algún punto perdieron la alegría y el motor inagotable que produce el simple contentamiento. No pueden traicionar la verdad porque son coherentes y leales, pero han perdido la chispa de la vitalidad espiritual.

Comprendo que el discípulo tiene que ser equilibrado y observar tiempos sistemáticos de descanso para recargar sus baterías espirituales, físicas y emocionales. No hablo de eso. Estoy de acuerdo con que el siervo de Dios debe cuidar de sí mismo y no sobrecargarse hasta un desfallecimiento inhumano o hasta descuidar su matrimonio o su alimentación. Tarde o temprano, esas cosas conducen al desastre. Pero no me refiero a esos extremos, sino a la simple pérdida del gozo y del sentido de privilegio por servir a Jesucristo a pesar de las inevitables renuncias.

Me refiero a olvidar lo afortunados que somos de haber sido llamados por Jesús.

Estoy convencido de que en nuestro tiempo y en nuestro contexto, mucha de la insatisfacción en los discípulos nace por una falta de contentamiento con su propia situación y por el deseo de vivir de una manera diferente. Nace por una aspiración nueva, ambicionar algo diferente, una ansiedad por ciertas cosas incompatibles con el discipulado, no porque sean malas, sino porque el discípulo renunció a ellas por amor y devoción al Maestro y a su llamamiento. Estas supuestas carencias pueden darse en lo físico, lo emocional, lo intelectual o lo espiritual. Si nos descuidamos, puede atraparnos y hacernos caer en un mar de melancolía. El triste resultado es una resignación obediente al discipulado; seguimos, pero tristones, arrastrando los pies y sintiendo el ministerio como una carga cada vez más pesada y difícil. Se ha llegado a olvidar la realidad de las palabras de Jesús cuando dijo que su carga era ligera y su yugo fácil (Mt 11:30). ¿Cómo pretenderemos que alguien crea lo que predicamos si nosotros mismos ya no lo creemos?

Como podrás haber notado, el contentamiento es muchísimo más poderoso de lo que pensamos, porque más allá de lo desesperada que llegue a ser una situación o lo extenuante que resulte la labor, cuando el discípulo procesa su propia realidad desde una actitud radiante de privilegio espiritual producto de un sano contentamiento, no hay quien lo detenga, lo entristezca o lo derrote. Sin embargo, todo el problema viene de que en algún momento hemos creído esa falsa idea de que seguir a Jesucristo traerá como resultado una mejora sustancial en el ámbito de las cosas tangibles, cuando en realidad el verdadero mensaje del evangelio es todo lo contrario: seguir a Jesucristo nos convertirá en mensajeros incomprendidos en esta tierra, nómadas y peregrinos, y probablemente nos traerá problemas con nuestra propia familia terrenal. Sin embargo, a pesar de todo eso y precisamente en medio de las peores circunstancias, experimentaremos una satisfacción interior inmensa porque valoraremos la salvación y la presencia de Cristo en nosotros mucho más que cualquier otro beneficio o placer pasajero. Jesús mismo será más precioso para nosotros que cualquier otro bien, sea dinero, salud o amor terrenal. Esa fue la realidad de los mártires y lo sigue siendo para muchos cristianos en muchos lugares del planeta. Si perdemos el contentamiento, hemos perdido la ilusión. Nehemías dijo a sus hombres: «No os entristezcáis, porque el gozo de Jehová es vuestra fuerza» (Neh 8:10).

En otras palabras, si te quitan el gozo, te quitan la fuerza.

Por eso recalco que este capítulo es tan importante. Puede ser que te sientas abatido, derrotado, sin gozo interior y cansado de luchar a contracorriente. Quiero que sepas que te comprendo perfectamente porque también he pasado por esos mismos sentimientos. De hecho, no soy inmune a ese tipo de sensaciones. Sin embargo, aquí estamos, y te diré uno de los secretos, escúchalo bien.

He aprendido a reaccionar cuando empiezo a abatirme, sentir cansancio físico, emocional, el hartazgo de nadar a contracorriente, el tedio de tener que atender siempre las necesidades de otros, cuando las personas empiezan a molestarme demasiado y siento que merecería tener mejor recompensa que la que tengo. Cuando llego a ese punto, he aprendido que el remedio para mí no es compadecerme, hurgar en mis emociones o en mi pasado.

El remedio es revisar el estado de mi propio contentamiento.

Cada vez que estas sombras empiezan a tomar forma sobre mi vida (y te aseguro que hay momentos en que las sensaciones son realmente malas), sé que lo único que me levantará es recuperar el sentido de privilegio por estar sirviendo al Maestro. Es como darme una ducha fría y volver de inmediato a la cruz para recordar lo mucho que Jesús me perdonó, cuánto le debo, qué sería yo sin Él, cuánto entregó por mí, lo poco que le merezco, lo suntuoso de su llamamiento, el inmenso privilegio de servirle y lo efímero del tiempo en esta tierra. Son momentos para recordar algunos pasajes de las Escrituras:

> *Pues tengo por cierto que las aflicciones del tiempo presente no son comparables con la gloria venidera que en nosotros ha de manifestarse.* (Romanos 8:18)

Porque esta leve tribulación momentánea produce en nosotros un cada vez más excelente y eterno peso de gloria; no mirando nosotros las cosas que se ven, sino las que no se ven; pues las cosas que se ven son temporales, pero las que no se ven son eternas. (2 Corintios 4:17–18)

Finalmente, termino pidiendo perdón al Señor porque, en algún momento a lo largo del camino, he perdido el norte y me he dejado seducir por algún lazo engañoso tendido por el enemigo. Me doy cuenta de que presté atención a voces que no venían de Dios y soy consciente de que esa distracción no está exenta de pecado en mí, que necesito reconocerlo y volver a la cruz. Ese proceso resulta sanador, restaurador, limpiador, y es un avivamiento interno de la llama que hay en mí. Entiendo al rey David cuando confiesa su pecado y ora diciendo: «Vuélveme el gozo de tu salvación, y espíritu noble me sustente» (Sal 51:12).

Si puedo reconocer que el problema está en mí, estoy salvado.

Sigo aquí.

Pero si me empeño en ver el problema en los demás, estoy perdido.

Escúchalo bien, cuando la tristeza se abalanza sobre ti estás a un paso de la depresión y esta sociedad solo contempla dos vías de salida a la depresión: la terapéutica (psicología y entrenamiento de la mente) y la farmacológica (psiquiatría y medicina). Como discípulo de Jesús, yo te sugiero una tercera vía: el contentamiento. Nadie te lo dirá, y por eso, una vez más, este capítulo es para ti. Si te sientes desanimado, cansado, aburrido, con esa sensación de que eres un mal discípulo, que tu vida es un campo baldío lleno de sacrificios que nadie reconoce y que el precio a pagar es demasiado alto, te aconsejo revisar tu nivel de contentamiento.

Examina si por el camino has depositado tus afectos en alguna otra cosa, si tus aspiraciones han cambiado, si consciente o inconscientemente has abrazado la idea de que es mejor disfrutar de algún tipo de bien terrenal y pasajero. Comprueba si sientes que estás dando más de lo que recibes y piensas que mereces una mejor vida. A lo mejor es tan sencillo como volver a la cruz y reevaluar lo mucho que te perdonó el Señor y lo mucho que le debes. Tan sencillo como volver a poner en la balanza lo temporal frente a lo eterno. Apártate un día entero, dos, tres o los que necesites, para recuperar la vista. Lee el salmo 51 y, cuando consigas hacerlo tuyo, recítalo, pero esta vez en forma de oración sincera, desde tu corazón hasta el trono de Dios.

Recupera el gozo por la increíble oportunidad de poder servir al más grande. Olvida otras expectativas y otras aspiraciones. Al fin y al cabo, ¿de quién esperas recibir el reconocimiento y la recompensa?

Y todo lo que hagáis, hacedlo de corazón, como para el Señor y no para los hombres; sabiendo que del Señor recibiréis la recompensa de la herencia, porque a Cristo el Señor servís. (Colosenses 3:23–24)

Y el escritor de Hebreos dice: «Sean vuestras costumbres sin avaricia, contentos con lo que tenéis ahora; porque él dijo: No te desampararé, ni te dejaré» (Heb 13:5).

Si regresas, retomarás todo donde lo dejaste con ánimo nuevo, y pasará el tiempo y descubrirás que sigues estando aquí. Firme y sostenido por Él. Las prioridades en orden de nuevo. Terminarás bien y, encima, feliz.

Claro que puedes hacerlo.

CAPÍTULO 14

Persecución

Al finalizar la Edad Media tuvo lugar en Europa un período de tiempo que abarcó aproximadamente desde el siglo XIV hasta el XVII. Se conoció posteriormente con el nombre de Renacimiento. Fue un tiempo en que la sociedad rompió radicalmente con el concepto del teocentrismo (Dios como centro de todo) que hasta entonces había dominado el pensamiento popular. El humanismo se impuso como movimiento intelectual y la concepción filosófica que promovió fue el antropocentrismo (el hombre como centro de todo). Esto trajo un interés renovado por la individualidad del ser humano, su creatividad a través de las artes, la ciencia, la filosofía y el pensamiento crítico. Sobre todo, produjo todo un cambio de actitud radical respecto a Dios. Se buscaba una ruptura con todas las ideas religiosas relacionadas con el cristianismo o con la existencia de Dios por considerarlas esclavizantes y superadas filosóficamente. Se fomentó mucho el estudio y la exploración de la naturaleza al margen de la idea de un Dios creador, tomando a las antiguas Grecia y Roma como modelos avanzados. En otras palabras, la sociedad propuso que se había evolucionado hacia un ideal en que el ser humano era lo más importante y todo lo demás, fuera lo que fuera, se supeditaba a sus intereses y a su bienestar.

Tras varios siglos y numerosos avances, el resultado en la Europa actual es una sociedad absolutamente secularizada en la que el ciudadano normal no tiene ningún interés por el Dios cristiano porque lo considera un concepto medieval y retrógrado. A ello se une el mal testimonio dado por el «cristianismo histórico» que se asoció siempre con el poder político, económico y militar, persiguiendo cruelmente a los que consideraba infieles e imponiendo la fe bajo amenaza y sembrando muerte y terror a su paso. La consecuencia es que el cristianismo en Europa no tiene un buen nombre. Sin embargo, como la necesidad espiritual sigue siendo real, se promueve lo que hoy muchos llaman la «espiritualidad líquida».

No tengo una descripción exacta de lo que significa, pero el término «líquido» lo ilustra bastante bien. El líquido no tiene una forma concreta, sino que se adapta al recipiente que lo contiene. Por lo tanto, la espiritualidad líquida es vista como la perspectiva o enfoque espiritual que cada uno escoge y manipula a su antojo. Es vista como una fe que no se encajona en dogmas o creencias rígidas, sino que se adapta y se desarrolla con el individuo a medida que transcurre el tiempo. La espiritualidad líquida no está fija en un conjunto de creencias o prácticas establecidas, sino que fluye y cambia según las experiencias y la comprensión individual. De este modo, el individuo puede explorar todo tipo de religiones, filosofías y tradiciones antiguas o modernas, pudiendo aplicarse a sí mismo la que más le guste o convenga en ese momento, sin privarse de tomarlas o cambiar radicalmente mañana, incluso mezclar varias tendencias o integrar en una religión cosas de otra y fabricarse un modelo que le quede a medida, una especie de menú a la carta.

Por eso no es inusual escuchar en nuestros días que la «espiritualidad» es algo bueno, algo que todo el mundo debe buscar porque lo necesitamos y nos ayuda, pero sin verdades absolutas establecidas. Cada uno escoge lo que le hace sentir mejor. Si eres musulmán deberías ser un buen musulmán, si eres cristiano debes ser un buen cristiano y si eres hindú deberías ser un buen hindú. Puedes ser lo que necesites ser, siempre y cuando eso te llene y, al mismo tiempo, respetes a los demás. En eso se basa el pluralismo, la convivencia y la tolerancia en las sociedades modernas. Podemos convivir todos pacíficamente y estar de acuerdo en que no estamos de acuerdo.

A simple vista, esto puede parecer el paraíso en la tierra, es decir, una sociedad en la que nadie censura a nadie y todos se respetan. Suena fantástico. El problema es que este tipo de sociedad elimina cualquier posibilidad de evangelismo, porque el mensaje del evangelio es confrontativo y molesto, ya que presenta la verdad de un Dios inmutable y absoluto que no tolera el pecado ni comparte su gloria ni su deidad con ningún otro dios, y que establece un único camino para la salvación: Jesucristo. Este mensaje, en una sociedad como la que acabo de describir (que es nuestra sociedad europea y, no nos engañemos, es hacia donde van las sociedades modernas en un mundo cada vez más globalizado), es un mensaje que se percibe como agresivo, intrusivo e intolerante. Por lo tanto, debe ser perseguido y silenciado.

Para poder penetrar con el mensaje del evangelio en una sociedad tan desconfiada y tan sumergida en el pensamiento actual necesitamos una doble porción, como la que pidió Eliseo (2 R 2:9). Yo diría que en nuestro caso necesitamos una triple y cuádruple porción del Espíritu Santo y muchísima gracia. Pero, por más gracia que mostremos, hay algo que como discípulos de Jesús no podremos evitar en este tiempo. Me refiero a la persecución.

Predicar el evangelio en esta sociedad implicará persecución, en cualquiera de sus formas.

Puede que la persecución no sea física, pero será real a través de obstáculos legales, trabas administrativas, prohibiciones, leyes nuevas, desprestigio, acoso escolar, laboral, religioso, aislamiento y limitaciones. Estas son solo formas muy leves de persecución. En ciertos lugares, como digo, los cristianos se juegan la libertad y la vida, pero lo que quiero decir es que si queremos ser discípulos de Cristo nos toparemos tarde o temprano con esta realidad y no podremos eludirla, seremos perseguidos.

Si no estamos preparados de antemano para la persecución ni la reconocemos como parte de nuestra herencia, comenzaremos a rebajar y a «descafeinar» el mensaje, tratando de adaptarlo a la mentalidad moderna para no ofender y, en el fondo, para evitar la persecución. Sin embargo, una vez más, la persecución es un precio que tenemos que estar dispuestos a pagar. Si no hemos considerado esta realidad abrazándola como siervos de Cristo, no podremos ser verdaderos discípulos de Cristo.

Terminaremos aflojando el compromiso.

Este no es un mensaje anti-fe. Lo digo porque casi puedo oír a alguno reprendiendo, «cancelando» y proclamando que viene un gran avivamiento sobre la tierra. Yo digo amén, así sea, pero sigo insistiendo en que, incluso si viviéramos un avivamiento en nuestra época, deberíamos definir «avivamiento». ¿Qué creemos que es un avivamiento? ¿Apertura por parte de los gobiernos y naciones para que podamos predicar libremente sin ningún tipo de oposición social o política? ¿De verdad esperas eso? Sinceramente, espero algo así para el milenio, pero mientras no haya llegado, grábatelo bien:

Es posible que Dios nos regale períodos de mayor bonanza por momentos, pero, en general, predicar el evangelio en este tiempo nos traerá cada vez más problemas y llegará el momento en que seremos perseguidos.

Tenemos que saberlo para que cuando llegue no seamos engañados o creamos que nos hemos salido de la voluntad de Dios. Lo que Pablo le dice a Timoteo es que avive el fuego del don que le fue dado y que está en él. Ese es el tipo de avivamiento que necesitamos todos y, en ese sentido, sí soy optimista. Pero frente a la sociedad actual siempre seguiremos siendo la manada pequeña (Lc 12:32) y tocará remar en contra de la corriente.

Yo diría que deberíamos pensar de una manera completamente opuesta. Es decir, si el mundo no nos persigue, deberíamos cuestionarnos si de verdad estamos predicando el evangelio, porque precisamente la práctica cristiana auténtica en este tiempo nos enfrentará a situaciones comprometidas en las que tendremos que decidir entre dos opciones:

Ser valientes y enfrentarnos a la corriente social.

Callar para pasar desapercibidos y no importunar mucho.

Si somos coherentes y no escondemos nuestra fe, es bastante seguro que nos meteremos en problemas. Habrá momentos tensos. Será exactamente como lo muestra la famosa frase atribuida a Dietrich Bonhoeffer:

Mantener silencio ante el mal es el mal en sí mismo: Dios no nos tendrá por inocentes. No hablar ya es hablar, no actuar ya es actuar.

Fue Jesús quien dijo que la luz no se prendía para esconderla debajo de una almohada (Mt 5:15). Así que podemos engañarnos pensando que los tiempos hoy son más favorables que ayer, menos agresivos, y que lo mejor está por venir. Podemos rodearnos de frases triunfalistas y aletargarnos perdiéndonos en fiestas evangélicas o en conciertos masivos de alabanza y «entretenimiento» cristiano a la carta, convenciéndonos de que estamos en avivamiento, cuando la realidad es que solamente estamos encerrados en nuestras cuatro paredes, en un gueto amurallado para creyentes que nosotros hemos creado con el fin de protegernos y gozar de la bendición que es celebrar y adorar al Señor, pero sin ningún contacto con el exterior y sin que nuestro mensaje cale en las personas de afuera, y mucho menos en la nación donde vivimos. Entonces, la Gran Comisión queda para otros tiempos.

Podemos engañarnos también pensando que este tema de la persecución tiene que ver con la iglesia primitiva, con Roma y con la Inquisición o, como mucho, con los impedimentos que tienen actualmente las iglesias en países de regímenes totalitarios anticristianos. Podemos caer en el error de pensar que en toda América y en Europa no tenemos ese tipo de persecución y que la sociedad occidental avanzó mucho en cuanto a libertades, derechos humanos y respeto hacia la profesión de fe de cada uno, lo cual facilita la vida a los cristianos y nos permite avanzar sin oposición. Pero nada está más lejos de la realidad.

En el momento en que queramos seguir a Jesús como discípulos hoy y proclamar su verdad en medio de esta sociedad, tendremos que enfrentarnos a la persecución. Eso es más que renuncia. Jesús lo dijo:

De cierto os digo que no hay ninguno que haya dejado casa, o hermanos, o hermanas, o padre, o madre, o mujer, o hijos, o tierras, por causa de mí y del evangelio, que no reciba cien veces más ahora en este tiempo; casas, hermanos, hermanas, madres, hijos, y tierras, con persecuciones; *y en el siglo venidero la vida eterna.* (Marcos 10:29–30, énfasis personal).

El apóstol Pablo también se lo dice a Timoteo: «... todos los que quieren vivir piadosamente en Cristo Jesús padecerán persecución» (2 Ti 3:12). Entiendo que la palabra «persecución» es desagradable y que no nos gusta, pero no podemos terminar sin hablar de ella, porque cuando nos referimos al cristianismo, al discipulado, a la iglesia y a Jesús, inevitablemente nos toparemos con este tema en algún momento. Ignorarlo es engañarnos a nosotros mismos y fomentar expectativas erróneas en nuestro corazón, que solamente acarrearán frustración, desánimo y decepción.

Se trata de un tema que también podría llegar a impedirnos finalizar bien. Fuimos capaces de decidirnos por Jesús, le seguimos en el camino renunciando a muchas cosas, resistimos en la tentación, mantuvimos el buen testimonio, practicamos el contentamiento, pero no contábamos con que nos persiguieran.

¿Acaso la persecución también estaba en el menú?

Desde luego que sí.

Lee la Biblia.

Estaba en el menú.

Necesitas saberlo para resistir hasta el final y teniendo tus ojos puestos en Jesús. Recuerda cómo lo dice el autor de Hebreos:

Considerad a aquel que sufrió tal contradicción de pecadores contra sí mismo, para que vuestro ánimo no se canse hasta desmayar. Porque aún no habéis resistido hasta la sangre, combatiendo contra el pecado.
(Hebreos 12:3–4).

De modo que te dejo este último apunte: no te sorprendas del fuego de la prueba, como si fuera extraño lo que te pase (1 P 4:12). ¿Quién te hizo creer que era sencillo? ¿Quién te hizo pensar que seguir a Jesús en el camino del discipulado sería como ser trasladado automáticamente a la vida celestial? Si creíste esa idea, es normal que te vengas abajo ante el primer fuego de prueba o persecución que llegue a tu vida. Pero si lo sabes de antemano y estás preparado para ello, tu actitud será muy diferente. Fíjate en lo que dijo Jesús en la parábola del sembrador, sobre los que fueron sembrados en pedregales:

... los que cuando han oído la palabra, al momento la reciben con gozo; pero no tienen raíz en sí, sino que son de corta duración, porque cuando viene la tribulación o la persecución por causa de la palabra, luego tropiezan. (Marcos 4:16–17, énfasis personal)

No seas como ellos.

No seas de corta duración.

Aviva el fuego de la llama que está en ti,

puedes hacerlo.

Puedes amar tanto a Jesús que hará falta mucho más que persecución para apartarte del discipulado. Al contrario, no habrá nada que te separe del amor de Jesucristo y dirás como Pablo:

Por lo cual, por amor a Cristo me gozo en las debilidades, en afrentas, en necesidades, en persecuciones, en angustias; porque cuando soy débil, entonces soy fuerte. (2 Corintios 12:10)

Pasará el tiempo y serás un referente para otros. Te preguntarán cuál es tu secreto y dirás:

No lo sé muy bien,

pero Jesús me llamó y

AQUÍ ESTAMOS.

CUARTA PARTE

ESTUDIO PERSONAL O GRUPAL

Guía del lector
para el estudio
personal o en grupo

Cuando yo era joven teníamos un grupo de jóvenes en la iglesia y participábamos prácticamente en todas las actividades que se organizaban:

- Martes: Culto de oración
- Jueves: Culto de estudio bíblico
- Sábado mañana: Ensayo del coro
- Sábado tarde: Actividad evangelística
- Domingo mañana: Escuela dominical
- Domingo tarde: Culto de jóvenes
- Domingo noche: Culto evangelístico

Esa era nuestra agenda de actividades de iglesia y estábamos entusiasmados. En días festivos organizábamos alguna salida al campo, una comida fraternal o una actividad de compañerismo. Nuestro grupo de jóvenes estaba realmente avivado y motivado a servir al Señor y no nos hacía falta mucho más. Sin embargo, con el paso del tiempo he constatado que ese formato antiguo satisface sobre todo a las personas que crecieron en ese ambiente, pero no al resto. En la actualidad, lo que mejor funciona entre nosotros son los grupos pequeños, al menos en mi ciudad.

La gente lleva un ritmo de vida frenético, entregada a sus trabajos y quehaceres. Además, las distancias son cada vez mayores, de modo que no es fácil tener reuniones en la iglesia durante la semana. Es posible que, en una ciudad más pequeña, donde los trayectos son más cortos o más rápidos, se puedan celebrar reuniones o actividades de otro tipo y en horarios aceptables para todos, pero lo que nosotros tenemos hoy en nuestra iglesia local de Madrid es una reunión grande el domingo por la mañana y después grupos pequeños durante la semana en diferentes lugares de la ciudad. En esos grupos, los cristianos pueden reunirse en una casa y estudiar juntos la Palabra de Dios, comentarla, orar unos por otros, conocerse mejor y más de cerca, desarrollar amistad y compañerismo y evangelizar juntos. También tratamos de ofrecer tiempos de oración y estudio bíblico, pero sabemos que solo un grupo reducido podrá asistir. Por lo tanto, ponemos todo nuestro esfuerzo en conseguir que ningún miembro se quede solo y todos pertenezcan a un grupo pequeño.

Me encantaría que pudieras utilizar el contenido de este libro para estudiar junto con tus hermanos en algún grupo pequeño. He añadido a continuación una serie de preguntas por capítulo que se pueden plantear luego de la lectura como punto de partida para una discusión, de modo que cada uno aporte su visión, experiencia, ejemplo o dudas. Estoy convencido de que el solo hecho de hablar sobre estas cosas en un pequeño grupo de amigos creyentes ya nos está acercando al interés por los temas espirituales. De modo que la función de estas preguntas es proveerte ideas para introducirlas en tus conversaciones con otros cristianos. Comprobarás que algunas de ellas no tienen una respuesta correcta o incorrecta. Otras, sí. Pero la finalidad es conseguir que inviertas tiempo en meditar en estas cosas y en compartir tus reflexiones con otros.

Ahora bien, no quisiera que te preocupes si en tu iglesia no hay grupos pequeños. Creo que las reuniones de iglesia son absolutamente necesarias y que reunirnos para adorar a Dios juntos y escuchar su Palabra es algo insustituible. Nunca dejes de participar. Pero puedes plantear las mismas preguntas en medio de cualquier otro contexto de conversación distendida con tu gente. Lo que sí quisiera pedirte es que no lo hagas a escondidas, hazlo siempre con el consentimiento y supervisión de tu pastor o líder espiritual. Si además de la reunión dominical de la iglesia logramos convertir cualquier otro tipo de encuentro informal, ya sea tomando un refresco o paseando, en una excusa para aprovechar el tiempo con un diálogo relajado que aborde temas espirituales, sin darnos cuenta estaremos haciendo lo que Pablo nos dice en cuanto a ser llenos del Espíritu Santo hablando entre nosotros:

No os embriaguéis con vino, en lo cual hay disolución; antes bien sed llenos del Espíritu, hablando entre

vosotros con salmos, con himnos y cánticos espirituales, *cantando y alabando al Señor en vuestros corazones; dando siempre gracias por todo al Dios y Padre, en el nombre de nuestro Señor Jesucristo.*
(Efesios 5:18–20, énfasis personal)

Del mismo modo, si no existen grupos pequeños en tu iglesia, puedes optar por estudiar estas cosas tú solo o sola. No te conformes con simplemente leer el libro. Aprovecha las preguntas que encontrarás más adelante sobre cada capítulo y trata de darles respuestas, incluso arma tu propio argumento alrededor de cada pregunta para poder debatirlo con alguien en algún momento. Plantea estas preguntas a tus amigos y hermanos de la iglesia local. No lo hagas para contender o ganar argumentos, al contrario, hazlo para cuestionarte tu propio discipulado y terminar pidiendo a los demás que oren por ti.

Recuerda: una de las mejores maneras de fomentar la unidad entre los hermanos, en lugar de sembrar desacuerdos, es que después de expresar tus dudas, argumentos o preguntas, pidas a los demás que oren por ti. Es una manera de dejar claro que no tienes todas las respuestas ni toda la razón, sino que necesitas a tus hermanos para que te apoyen en oración y te ayuden, que dependes de ellos, que los respetas y que los aprecias.

Aprendes de ellos y con ellos.

Puede que esas inquietudes también despierten interés en otros y antes de que te des cuenta ya estés encendiendo una llama en tu corazón y en el de otros. Te aseguro que no habrá mayor alegría para tu pastor o líder espiritual que constatar cómo crece tu interés por la Palabra de Dios y que en tu interior surgen inquietudes espirituales. Al menos yo, como pastor, prefiero mil veces tener que frenar u orientar correctamente el entusiasmo de las ovejas que tener que inventar estrategias para motivarlas debido a su falta de interés en temas espirituales.

Así que esta no es exactamente una guía para grupos pequeños, probablemente ya conozcas algún manual para llevar ese tipo de reuniones. Prefiero que lo adaptes para el formato que te sea más útil. Mi intención ha sido simplemente presentar algunas preguntas en cada capítulo para tu reflexión, sea en grupo o individualmente.

Deseo que Dios te bendiga e ilumine en ello para que tu llama por Jesús sea avivada.

Aquí estamos.

Claro que puedes.

Preguntas por cada capítulo

Capítulo 1

PROFESIÓN O VOCACIÓN

1. ¿Qué opinas de que el ministerio eclesiástico sea remunerado? ¿Es bíblica la remuneración económica del ministerio espiritual?

2. ¿Piensas que cualquier persona que ejerce un ministerio espiritual debería ser remunerada? Justifica tu respuesta.

3. ¿Qué lugar debe ocupar la remuneración económica a la hora de decidir si uno debe o no desarrollar un ministerio espiritual?

4. ¿Se puede considerar el ministerio espiritual como una profesión? Justifica tu respuesta tanto si es afirmativa como negativa.

5. A la hora de equiparar el ministerio cristiano con un oficio, ¿cuánto influye haber nacido en un hogar

cristiano? ¿Cuál es la opinión del autor al respecto? ¿Estás de acuerdo? Explica tu respuesta.

6. ¿Cuál es la diferencia fundamental entre profesión y vocación?

7. En tu caso personal ¿dirías que para ti servir a Jesús es una vocación o una profesión?

Capítulo 2

RENUNCIA

1. ¿Eres una persona más orientada hacia tus derechos o hacia tus obligaciones?

2. ¿Te cuesta mucho renunciar a aquello que consideras lícito?

3. ¿Por qué crees que Jesús exige a sus discípulos la renuncia a cosas lícitas?

4. ¿En qué consiste fundamentalmente la autonegación y por qué es tan importante para un discípulo?

5. ¿Dirías que la misión de la iglesia en la tierra debe estar más orientada hacia lo humanitario o hacia lo espiritual?

6. ¿Alguna vez en el ministerio cristiano has sentido que estabas entregando más de lo que recibías y que eso te desgastaba?

7. ¿Por qué crees que muchos siervos de Dios se «queman» en el ministerio?

Capítulo 3

PROCRASTINACIÓN

1. ¿Eres ese tipo de persona que procrastina siempre las decisiones o eres más bien de los que reaccionan rápido y se enfocan en introducir cambios cuanto antes?

2. ¿Crees que el llamamiento de Jesús es demasiado intransigente? ¿Debería ser de otra forma?

3. ¿Por qué crees que Jesús no admite la procrastinación en cuanto al llamamiento? ¿Qué tiene que ver con nuestras prioridades?

4. ¿Hay cosas que uno debería tener solucionadas antes de seguir a Jesús en el discipulado? ¿Qué tipo de cosas sí y cuáles no?

5. Personalmente, ¿qué tipo de cosas crees que te hacen aplazar o atrasar la respuesta al llamamiento de Jesús? ¿Crees que son justificaciones válidas para no entregarle lo que te pide ahora mismo?

6. ¿Qué significa para ti que tus habilidades no condicionan el llamamiento de Jesús? ¿Por qué te llama entonces y en qué te convierte ese llamado?

7. ¿Eres consciente de las imperfecciones de aquellos que te llevaron al evangelio? ¿Qué conclusiones te sugiere esa realidad y qué aprendes al constatarlo?

Capítulo 4

ENFOQUE

1. ¿Cuánta influencia dirías que tienen sobre ti tus lazos familiares? ¿Qué miembro o miembros de tu familia tienen más influencia sobre ti?

2. ¿Te afecta la opinión, aprobación o desaprobación de tu familia cercana?

3. Aparte de tu familia, ¿qué tipo de influencias, personas o circunstancias lograrían desenfocarte del llamamiento de Jesús?

4. Es evidente que Jesús antepone la familia espiritual a la física. ¿Estás de acuerdo con este pensamiento? Medita un poco en tu propio caso personal y responde con honestidad: ¿cuál de las dos antepones tú?

5. En tu caso, ¿ha sido el evangelio motivo de discordia, discusión, tensión, desacuerdos o incluso división en tu familia?

6. ¿Hay alguna persona que, sin ser tu familia directa, supone un problema o impedimento para enfocarte en el llamamiento de Jesús?

7. ¿Qué opinión te merecen los siervos de Dios cuyos matrimonios han fracasado? ¿Crees que fue culpa del llamamiento? ¿Cómo crees que se podrían evitar este tipo de situaciones?

8. ¿Crees que es positivo adaptar el evangelio a la situación de cada uno, o deberíamos adaptar la situación de

cada uno al evangelio? ¿Qué consecuencias traerán lo uno y lo otro?

Capítulo 5

La Palabra

1. ¿Qué importancia tiene para ti la Biblia como base de fe? ¿Qué es realmente más importante en tu vida espiritual, lo que lees en la Biblia o lo que sientes? ¿Qué sucede si lo que lees no concuerda con lo que sientes?

2. ¿Qué importancia tiene para ti la Biblia como norma de conducta? ¿Decides tu comportamiento en función de lo que sientes o de lo que dice la Palabra de Dios? ¿Qué sucede si ambas cosas no concuerdan?

3. ¿Qué importancia tiene para ti la opinión de la sociedad en la que vives cuando dicha opinión contradice a la Palabra de Dios? ¿Cómo actúas al respecto?

4. ¿Crees que tu orientación política puede afectar tu predicación? Sé honesto: ¿has considerado la posibilidad de que quizá alguna vez sin darte cuenta hayas utilizado la Palabra de Dios para sustentar tus propias opiniones o convicciones personales?

5. ¿Qué capacidad de cambio tendrías en opinión y en práctica si alguien te demostrara con la Biblia que lo que aprendiste y siempre creíste es un error?

6. ¿Tienes algún énfasis doctrinal o de formas cristianas que estés añadiendo al mensaje simple del evangelio de salvación?

7. ¿Cuál es realmente la obligación de la iglesia en la tierra?

8. ¿En qué invierte tu iglesia más esfuerzo y más tiempo, en los programas efectivos o en las verdades bíblicas? ¿Tienes alguna sugerencia? ¿Te animarías a hacerla llegar respetuosamente al liderazgo?

Capítulo 6

Dos consecuencias

1. Si la Palabra de Dios se convierte en el centro de mi vida, ¿cómo afectará a mi concepto personal del pecado?

2. ¿Cuáles son los peligros que trae normalizar el pecado en nuestra vida y ocultarlo, en lugar de desarraigarlo a la luz de la Palabra de Dios?

3. ¿Podemos estar predicando la Palabra de Dios sin haber experimentado su poder liberador y transformador? Si esto sucede, ¿cuál será la consecuencia?

4. Si la Palabra de Dios se convierte en el centro de mi vida, ¿qué será más importante para mí, el pecado del mundo o el pecado que mora en mí?

5. Si la Palabra de Dios se convierte en el centro de mi vida, ¿cómo afectará a mi percepción de la persona de Jesús?

6. Si Jesús se convierte en el centro de mi vida, ¿cómo afectará al contenido de mi mensaje evangelístico?

7. Si Jesús se convierte en el centro de mi vida, ¿cómo afectará a mi percepción de los pecadores y mi actitud hacia ellos?

8. ¿Acercarse a los pecadores supone avalar su pecado? ¿Cómo puedo establecer esos límites con claridad? ¿Dónde comienza y termina mi responsabilidad?

9. Si Jesús realmente fuera el centro, ¿qué cosas crees que serían diferentes en tu vida?

Capítulo 7

EL FUEGO

1. ¿Por qué se relaciona al Espíritu Santo con el fuego? ¿Qué quiere decir? ¿Cómo explicarías esta comparación en tus propias palabras?

2. ¿Cuál es la relación del Espíritu Santo con la Palabra de Dios?

3. ¿Cuál es la función del Espíritu Santo de Dios? ¿Es posible el Nuevo Pacto sin Él?

4. ¿El fuego interior del Espíritu Santo en una persona es dependiente o independiente de la manifestación instantánea visible exteriormente?

5. ¿Crees que el fuego del Espíritu Santo es para todos los creyentes? ¿También lo será la manifestación instantánea externa y visible?

6. ¿Cuál es la conexión entre las palabras «testigo» y «mártir»? ¿Qué significado tiene para nosotros?

7. Según 2 Timoteo 1:6, ¿qué debe hacer Timoteo? ¿Crees que cualquier hijo de Dios puede y debe seguir el mismo consejo o es solo para Timoteo?

Capítulo 8

Un ejercicio de honestidad

1. ¿Se puede desempeñar una tarea fielmente sin tener un «fuego» interior? Explícalo. ¿Ya has averiguado cuál es tu fuego?

2. ¿Esperas o has estado a la espera de que suceda algo sobrenatural, alguna «zarza ardiente» que inflame tu propia llama interior? ¿Crees que esa es una expectativa correcta?

3. ¿Tienes un conflicto interno entre dar prioridad a tu propia pasión personal o dársela al discipulado? ¿Lo tienes muy claro?

4. Si existe un conflicto interior en tu corazón, ¿qué significa eso y quién es responsable de resolver el conflicto, tú o Dios?

5. ¿Naciste en un hogar cristiano, conociste a Jesús como niño o siendo ya adulto? ¿Cuál es tu testimonio de conversión?

6. Más allá de las características particulares de tu testimonio, ¿dirías que perteneces al grupo de los que tienen la llama interior ardiendo o necesitarías avivarla?

7. ¿Cuál de los tres consejos de Pablo en Efesios 5:18–19 te llama más la atención? ¿Cuál te atrae más y cuál crees que deberías practicar más?

Capítulo 9

EXTINTORES

1. ¿Has vivido alguna experiencia personal tipo «extintor»? ¿Qué tipo de cosas son las que consiguen, han conseguido o conseguirían apagar tu llama interior?

2. ¿Qué tipo de cosas son las que ayudan a una persona en la labor de avivar la llama interior?

3. ¿Hay algún momento en la vida en que podamos decir que hemos conseguido ser inmunes a los extintores? Explica las implicaciones de tu respuesta.

4. ¿Estamos descalificados para el discipulado si nuestra llama mengua?

5. Si conseguimos reavivar la llama en nosotros, ¿cuál será el resultado y la consecuencia espiritual en nuestra vida?

6. ¿Por qué crees que se había aminorado la llama interior de Timoteo?

7. ¿Crees que la actividad en la iglesia local logrará avivar tu llama? ¿A qué conclusión o acción práctica te hace llegar tu respuesta?

Capítulo 10

LO QUE NOS HA DADO DIOS

1. ¿Cómo definirías la valentía? ¿Cuál es la diferencia entre temor y cobardía?

2. ¿Dirías que hay situaciones concretas actuales ante las que no te atreves a declarar que eres cristiano o a sostener una opinión bíblica contraria al pensamiento y a la filosofía popular?

3. ¿Alguna vez has sentido el poder de Dios en ti, no en forma de milagro o bendición personal, sino como fortaleza interior para ser testigo de Jesucristo en medio de una situación hostil?

4. ¿Alguna vez te has sorprendido al experimentar personalmente la sensación de amor hacia tus enemigos cuando lo más normal hubiera sido odiarlos y desear su mal?

5. ¿Has sentido en tu corazón la paz de Dios que te lleva a controlar tus reacciones y ejercer dominio propio sobre tu carácter natural, cuando lo lógico, conociéndote, hubiera sido una reacción dura?

6. Espíritu de valentía, «de poder, de amor y de dominio propio» (2 Ti 1:7). Identifica en cuál o en cuáles de las características anteriores necesitarías que la llama se avivara más en tu interior.

7. ¿Piensas que estas cosas son para unos pocos privilegiados o crees verdaderamente que están a tu disposición?

Capítulo 11

La tentación

1. ¿Eres consciente de cuáles son tus debilidades? ¿Conoces bien tu propia concupiscencia y admites tu vulnerabilidad en ciertas áreas?

2. ¿Alguna vez has permitido que tus fracasos te convenzan de que no puedes ser un discípulo de Cristo?

3. ¿Crees que un cristiano debe huir en algunas ocasiones? ¿No contradice esto al espíritu de valentía del que hablábamos anteriormente?

4. ¿Qué pensamientos te sugiere la idea de Hebreos 4:15, donde dice que Jesús «fue tentado en todo […] pero sin pecado»?

5. ¿En qué consiste la «doble acción» y qué importancia tiene?

6. Si no eliminan la tentación de nuestra vida, ¿para qué nos capacitan entonces el nuevo nacimiento y el discipulado?

7. De las cinco claves expuestas en este capítulo como ayuda para poner en funcionamiento la «doble acción», ¿con cuál de ellas te identificas más? ¿Cuál de ellas has descuidado más? (Quizá haya más de una).

Capítulo 12

EL TESTIMONIO

1. ¿Hay alguna edad, raza, posición social o circunstancia general que impida, excluya, devalúe o invalide el deber cristiano de ser ejemplo para otros?

2. ¿Qué relación existe entre la enseñanza y el ejemplo? ¿Cuál de los dos debería ir primero?

3. ¿Qué grado de coherencia entre ambos hay en tu propia vida?

4. Si nuestras palabras y nuestros hechos se contradicen, ¿qué tiene más poder de convicción, lo que decimos o lo que hacemos?

5. ¿Cuál es el antídoto que Pablo aconseja a Timoteo para combatir el menosprecio de otros? ¿Crees que el buen testimonio puede ser terapéutico para una baja autoestima?

6. «... sé ejemplo de los creyentes en palabra, conducta, amor, espíritu, fe y pureza» (1 Ti 4:12). ¿En cuál o en cuáles de estas seis cosas que Pablo menciona crees que fallamos más los cristianos hoy?

7. ¿Cuál sería el equilibrio para no «caerse del caballo por el otro lado» en este tema del testimonio?

8. ¿En qué aspectos concretos crees que la iglesia debería trabajar mejor su testimonio ante la sociedad?

9. ¿Crees que la inactividad ministerial por motivos de testimonio es positiva? ¿Qué peligros señalarías?

Capítulo 13

CONTENTAMIENTO

1. ¿Cuál es la diferencia entre pensamiento positivo y contentamiento?

2. A la luz de 1 Timoteo 6:1–10 y Filipenses 4:11–13, ¿qué lugar tiene en la Biblia la teología de la prosperidad?

3. Leyendo la historia del naufragio en Hechos 27, ¿qué aprendemos en cuanto a afrontar cristianamente las circunstancias desagradables?

4. ¿Crees que el pensamiento de prosperidad, aunque no se predique explícitamente en todos los lugares, ha llegado a formar parte de nuestra mentalidad cristiana general?

5. ¿En algún momento has perdido el sentido de privilegio por ser cristiano? ¿Sabes identificar cuál ha sido el motivo?

6. ¿Qué tipo de cosas crees que son las que normalmente nos roban la alegría de ser cristianos?

7. ¿Cuál es la mejor forma de regresar al contentamiento cristiano que aconseja Pablo en Colosenses 3:23–24?

Capítulo 14

PERSECUCIÓN

1. ¿Cómo definirías la «espiritualidad líquida»? ¿Dirías que en las sociedades modernas de hoy se ha instalado bastante este tipo de espiritualidad?

2. ¿Por qué es mal recibido el evangelio en una sociedad que promueve la espiritualidad líquida?

3. Roma persiguió a los cristianos, pero ¿crees que hoy, en nuestra sociedad, el cristianismo sufre persecución? Si piensas que sí, explica qué tipo de persecución se experimenta. ¿Dirías que la persecución actual irá a más o a menos?

4. ¿Qué riesgo corremos si no estamos dispuestos a aceptar que la persecución es, fue y será siempre parte de la experiencia cristiana?

5. ¿Qué crees tú en cuanto a un posible avivamiento? ¿En qué consiste el avivamiento que deberíamos esperar? ¿Crees que podemos esperarlo?

6. Dietrich Bonhoeffer dijo: «Mantener silencio ante el mal es el mal en sí mismo: Dios no nos tendrá por inocentes. No hablar ya es hablar, no actuar ya es actuar». ¿Estás de acuerdo con esta afirmación o crees que habría que matizarla de alguna manera?

7. ¿Has vivido alguna experiencia personal de persecución por causa de tu cristianismo? ¿Cómo te hizo sentir? ¿Te llevó a ser más prudente en tu identificación con el evangelio o todo lo contrario?

EPÍLOGO

Todos pueden

Nací en Frankfurt y crecí en Madrid en un hogar cristiano durante la época de la dictadura franquista, cuando la buena música sonaba en discos de vinilo de 33 y 45 revoluciones por minuto. Escuchaba mucha música clásica y algunos discos cristianos que tenían mis padres, entre los que recuerdo algo de Mahalia Jackson, The Golden Gate Quartet y un disco de Jim Reeves.

Aprendí a cantar y a componer desde muy joven.

Después se pusieron de moda las cintas de casete y en el mundo cristiano español se hizo muy conocido un cantante que se llamaba Jordi Roig. Yo aprendí sus canciones y le imitaba. Más adelante aparecieron los *Compact Disc*, que nos parecían la perfección absoluta. En esa época no había muchas producciones cristianas en español, o al menos no nos llegaban, así que casi todo lo cristiano que yo escuchaba era en inglés o en alemán. Second Chapter of Acts, Keith Green y Russ Taff estaban entre mis favoritos. Por lo demás, escuchaba todo lo que sonaba, desde clásico hasta cualquier estilo.

Eso en cuanto a la música.

En cuanto a la fe cristiana, puedo decir que la aprendí de mis padres y experimenté desde pequeño un amor creciente por Jesús. A los catorce años pasé por una experiencia traumática debido a que tuve que ser ingresado en un hospital por un virus y aprender a caminar de nuevo. En esa etapa tan difícil entendí que el llamamiento al discipulado era para mí. Muy poco después, el 24 de diciembre de aquel mismo año, viví lo que siempre he identificado como mi encuentro personal con el amor de Dios, la experiencia que marcó un antes y un después en mi vida. Era de noche, estaba solo y de repente supe que Jesús había muerto explícitamente por mí.

A los diecisiete años me fui a Alemania a estudiar en un seminario teológico y, aunque me desenvolvía como pez en el agua con la música, desarrollé un interés muy grande por el estudio de la Palabra de Dios. Regresé a España y la enfermedad de mi padre precipitó un cambio ministerial en la iglesia cuando tenía veintiséis años. De manera bastante sorprendente para mí, me vi tomando el pastorado de la Iglesia Salem en Madrid.

Han pasado algo más de treinta años
y tras mil altibajos...
¡Aquí estamos!

A través del tiempo he vivido etapas muy diversas; algunas son un mejor recuerdo que otras. Pero si alguien me preguntara cuál ha sido la clave para llegar hasta aquí permaneciendo firme durante todos estos años, respondería muy sinceramente que no lo sé. Y no mentiría. Esa es mi primera sensación, es lo que siento cuando veo todo lo que Dios ha hecho en mi vida. Soy la prueba más clara de que Dios escoge lo débil del mundo para avergonzar a lo fuerte (1 Co 1:27).

> **Todo cristiano, todo nacido de nuevo, ha sido igualmente llamado por el Señor para seguirle como discípulo.**

Por eso, al llegar a este momento de mi vida, no me interesa ya componer canciones llamativas o compartir predicaciones muy profundas que provoquen la admiración de otros, sino lograr transmitir el mensaje claro de que todo cristiano, todo nacido de nuevo, ha sido igualmente llamado por el Señor para seguirle como discípulo.

Ese camino del discipulado es posible para todos los llamados por Él, sin excepción, ya que Cristo nunca nos pide algo que no podamos darle. Quiero proclamar que no existe una clase superior y exclusiva de privilegiados que tienen una mayor capacidad para servir a Dios, mientras que el resto debe conformarse con una vida espiritual mediocre, fallando siempre en el cumplimiento de la Gran Comisión.

Eso simplemente no es cierto.

Todos pueden,

todos pueden, todos pueden...

y debería escribir un capítulo completo

repitiendo esas dos palabras mil veces.

TODOS PUEDEN

Si este libro sirve para convencerte de que tú también puedes, entonces habrá logrado su propósito. Yo nunca pensé que Dios pudiera hacer nada conmigo y, desde luego, si pudo hacerlo conmigo, lo hará contigo. Si yo puedo, tú puedes, no te quepa la menor duda.

Es muy posible que algunos tengan más talentos que otros o dones diferentes. Esa es la razón por la que nos complementamos y nos necesitamos. Pero nadie es más que nadie y nadie es menos tampoco. En la iglesia de Jesucristo no hay espacio para el complejo de superioridad:

Ni el ojo puede decir a la mano: No te necesito, ni tampoco la cabeza a los pies: No tengo necesidad de vosotros.
(1 Corintios 12:21)

Ni tampoco hay espacio para el complejo de inferioridad:

Si dijere el pie: Porque no soy mano, no soy del cuerpo, ¿por eso no será del cuerpo? (1 Corintios 12:15)

No existen tampoco en la iglesia los llaneros solitarios, ni los ministerios ermitaños, antisociales y recluidos en el aislamiento propio de los profetas del Antiguo Testamento. Existe la iglesia, el cuerpo de Jesús en la tierra, y está formada por personas imperfectas que han aceptado el reto de seguir al Maestro y que, a pesar de sus imperfecciones, brillan por Jesús y reflejan su gracia y su verdad.

Durante una larga época he presenciado en la iglesia alrededor del mundo una mentalidad de estrellato, como si por un lado existieran los «hermanitos» comunes y corrientes y, por otro lado, los «ministros» famosos, los que tienen ciertas capacidades únicas que acaparan la atención y que convocan a los cristianos alrededor de grandes eventos. Estas estrellas son normalmente buenos oradores, líderes reconocidos por sus libros o publicaciones, artistas populares o cristianos con algún talento llamativo que los ha llevado a tener fama y éxito en algún área. El resultado es que cada cierto tiempo se celebran grandes eventos que aglutinan masas y reúnen a los creyentes alrededor de estas figuras estelares, a veces simplemente para motivar o entretener y, en el mejor de los casos, con la esperanza de recibir alguna revelación o algún impulso especial que logre dinamizar la vida espiritual de los fieles y hacerlos mejores cristianos.

Más allá de su popularidad, creo sinceramente que ese tiempo llega a su fin. Por pura inercia y porque Dios no nos permitirá «dar coces contra el aguijón» eternamente como burros y nos regalará un despertar genuino de hambre y sed espiritual. De hecho, tengo la convicción de que ya está sucediendo. Cada día veo señales nuevas entre el pueblo de Dios, un convencimiento creciente de que la vida cristiana no funciona a base de eventos esporádicos, sino por el compromiso diario de los discípulos.

Hambre auténtica por la Palabra de Dios.

Alguien me decía no hace mucho tiempo que la época de las grandes estrellas en la iglesia ya pasó y ahora lo que tenemos son microestrellas, pastores *celebrities* e *influencers*. Yo digo que ese es el mismo perro, solo que con otro collar.

Desde luego, siempre existirán ciertas personas con más exposición pública que otras, pero te comparto un *secreto*:

El éxito de la iglesia de Jesucristo no depende de ninguna «macro» o «micro» estrella. El éxito de la iglesia está en un ejército de anónimos que no prestan tanta atención a los talentos, sino al discipulado y a la calidad del carácter cristiano, gente de perfil bajo, pero moldeada a diario por el Espíritu Santo de Dios.

Estos cristianos anónimos son los que verdaderamente revolucionan el mundo y brillan por Cristo por donde van. De hecho, esa mentalidad de estrellato en la iglesia ha contribuido a fomentar la envidia, las excentricidades y la competitividad entre ministerios; ha restado efectividad a la propia iglesia y tristemente le ha robado protagonismo a la auténtica estrella, que es Jesucristo.

Ante esa realidad tan evidente, quisiera ahora darte un *consejo*:

No anheles tanto poseer grandes talentos. Las personas que tienen más talentos únicamente acumulan más exposición que otros, y con ello cargan también sobre sus espaldas mucha más responsabilidad ante Dios. Eso siempre existirá. Pero el cumplimiento de la Gran Comisión no tiene que ver con talentos, sino con carácter y compromiso en nuestra respuesta al Maestro. Los que ponen la mano en el arado y no miran atrás, ellos son los que con el paso del tiempo experimentan el gran milagro y terminan diciendo:

¡Aquí estamos!

Para lograrlo no hace falta tener muchas aptitudes o grandes dones. Solo hace falta oír el llamamiento y responder, avivar la llama del fuego y no permitir que se apague nunca.

Así que, insisto,

todos pueden.

Incluso tú.

Si llegaste hasta aquí es porque también anhelas pertenecer a ese grupo de discípulos que responden al Maestro y le siguen en el camino. Mi oración por ti sigue siendo la misma: que el Espíritu Santo haya usado estos capítulos para ayudarte.

Si tienes que volver a leerlos en algún momento,

hazlo.

Vuelve a leer y tómalo en serio.

Claro que puedes.

Si reconoces que por algún motivo la llama se apagó dentro de ti, cree de todo corazón que puede volver a ser avivada. Puedes hacerlo en el nombre de Jesús.

Lo harás, créelo.

Deposita tu fe en aquel que nos llamó.

Pon tu mano en el arado,

camina y no vuelvas a mirar atrás.

Antes de que te des cuenta habrán pasado años y, un día, cuando cierres los ojos aquí y los abras al otro lado, te verás en medio de la gran nube de testigos porque serás parte de ella.

Y sabrás que lo lograste.

¡Aquí estamos!

¿HAS LEÍDO ALGO BRILLANTE Y QUIERES CONTÁRSELO AL MUNDO?

Ayuda a otros lectores a encontrar este libro:

- Publica una reseña en nuestra página de Facebook @VidaEditorial

- Publica una foto en tu cuenta de redes sociales y comparte por qué te agradó.

- Manda un mensaje a un amigo a quien también le gustaría, o mejor, regálale una copia.

¡Déjanos una reseña si te gustó el libro! ¡Es una buena manera de ayudar a los autores y de mostrar tu aprecio!

Visítanos en
EditorialVida.com
y síguenos en
nuestras redes sociales.